DR. OETKER

LANDREZEPTE

Brot & Brötchen

DR. OETKER

LANDREZEPTE

Brot & Brötchen

Dr. Oetker Verlag

Vorwort

Läuft Ihnen beim Gedanken an frisches Brot das Wasser im Mund zusammen, doch der nächste Bäcker ist weit?

Ab jetzt kein Problem mehr! Verwandeln Sie Ihre Küche in eine kleine Backstube. Genießen Sie den Duft, wenn blättrige Schokobrötchen oder lockere Schleifenbrötchen aus dem eigenen Backofen Ihre Lieben an den Frühstückstisch locken. So wird er zum geselligen Mittelpunkt des Sonntagmorgens. Überraschen Sie Familie und liebe Freunde mit kernigen, saftigen Vollkornbroten wie dem Müslibrot oder Ausgefallenem wie dem Rote-Bete-Brot oder den Knusperfladen zum Brunch oder zur Party.

Die Auswahl an Rezepten ist so groß, dass bestimmt für jeden Anlass das Richtige dabei ist. Rezepte für schnell zubereitete und gebackene Brote und Brötchen wie das Mischbrot mit Weizenkeimen oder die Zwiebelfladen finden Sie ebenso, wie Rezepte für Besonderes, etwa das glutenfreie Brot. Einige Brote, wie das Hüttenbrot, eignen sich wunderbar als beeindruckendes Mitbringsel – nicht nur zur Hauseinweihung. Andere Brote sind etwas aufwendiger in der Herstellung oder erfordern ein wenig Vorplanung. Sie überzeugen dafür anschließend mit einzigartigem Geschmack. Egal, für welche Gelegenheiten Sie leckere Brote und knusprige Brötchen selbst backen möchten: Hier werden Sie fündig.

Im Ratgeber ab Seite 124 haben wir die wichtigsten Tipps aus der Praxis zusammengefasst, damit Ihnen das Brotbacken von Anfang an Freude macht!
Alle Rezepte sind von uns ausprobiert und so beschrieben, dass sie auch im heimischen Backofen sicher gelingen.

Feines zum Frühstück

Wenn jeder Tag so beginnen könnte

Es duftet nach frisch gebackenen Butterhörnchen. Daneben ein lockerer Hefezopf oder für Knusperfans das Milchknäcke. Servieren Sie dazu, ganz nach den persönlichen Vorlieben, süße Aufstriche oder Herzhaftes. Frisch aufgebrühter Kaffee, aromatischer Tee und für die Kleinen warmer Kakao oder Saft runden den Tagesbeginn ab – mit so einem Frühstück ist man gut gewappnet für den Tag!

Tipps: Diese feinen Schokobrötchen schmecken frisch am allerbesten. Möchten Sie sie zum Frühstück zubereiten, können Sie die Schokobrötchen bis einschließlich Punkt 6 vorbereiten und auf ein Backblech legen. Stellen Sie das Backblech anschließend über Nacht in den Kühlschrank.

Am nächsten Morgen nehmen Sie zuerst die Schokobrötchen aus dem Kühlschrank. Dann heizen Sie den Backofen vor und backen die Schokobrötchen wie beschrieben.

Blättrige Schokobrötchen

Zum Dahinschmelzen

10 Brötchen
Für den Teig:
50 g Butter
130 ml lauwarmes Wasser
10 g frische Hefe
30 g Zucker
250 g Weizenmehl
½ gestr. TL Salz

Für die Füllung:
100 g Zartbitter-Schokolade
(etwa 50 % Kakaoanteil)
100 g Butter (zimmerwarm)

etwas Weizenmehl
zum Bestäuben

Zum Bestreichen:
1 Ei (Größe M)
1 EL Milch

Zum Bestäuben:
1 EL Puderzucker

1 sauberes Geschirrtuch
Zubereitungszeit: 50 Minuten
Geh-/Ruhezeit:
etwa 1 Stunde und 40 Minuten
Backzeit: etwa 20 Minuten

1. Für den Teig Butter zerlassen und etwas abkühlen lassen. Wasser in eine Rührschüssel geben. Hefe und Zucker hinzugeben und unter Rühren darin auflösen. Mehl, Salz und lauwarme Butter hinzugeben. Die Zutaten mit einem Mixer (Knethaken) zu einem elastischen Teig verkneten (etwa 1 Minute). Teig zu einer Kugel formen und in Frischhaltefolie wickeln. Teigkugel in den Kühlschrank legen (mindestens 20 Minuten).

2. In der Zwischenzeit die Schokolade in 10 gleich große Stücke teilen. Die Butter zwischen zwei Lagen Frischhaltefolie mit der flachen Hand oder einer Teigrolle zu einem Quadrat drücken oder rollen (etwa 20 x 20 cm).

3. Die Teigkugel auf eine leicht mit Mehl bestäubte Arbeitsfläche geben. Frischhaltefolie beiseitelegen. Die Teigkugel zu einem Quadrat (etwa 30 x 30 cm) ausrollen. Das Butterquadrat diagonal auf den Teig legen, dabei die untere Lage der Frischhaltefolie entfernen. Die Spitzen der Butter sollen auf die Mitte der Teigseiten zeigen. Obere Lage Frischhaltefolie entfernen. Die Teigecken über die Butter zur Mitte hin klappen. Die Teigkanten jeweils fest zusammendrücken.

4. Den Teig auf einer leicht mit Mehl bestäubten Arbeitsfläche mit der Teigrolle zu einem Rechteck (etwa 22 x 35 cm) ausrollen. Den Teig von der längeren Seite her so einschlagen, dass drei Lagen entstehen. Teig wieder in die beiseitegelegte Frischhaltefolie wickeln, nochmals in den Kühlschrank legen (mindestens 20 Minuten).

5. Den Teig auf einer leicht mit Mehl bestäubten Arbeitsfläche (etwa 20 x 25 cm) ausrollen. Die Teigplatte halbieren, sodass zwei Rechtecke (je etwa 10 x 25 cm) entstehen. Jedes Rechteck in 5 gleich große Streifen (je etwa 5 x 10 cm) schneiden.

6. Die Ränder der Teigstreifen dünn mit Wasser bestreichen. Schokoladenstücke in die Mitte der Teigstreifen legen, die Teigsteifen von der kurzen Seite her aufrollen. Darauf achten, dass die Schokolade möglichst vollständig vom Teig umschlossen ist. Die Ränder nicht zusammendrücken.

7. Den Backofen vorheizen. Ober-/Unterhitze: etwa 50 °C. Die Teigrollen auf ein Backblech (mit Backpapier belegt) legen. Den Backofen ausschalten. Das Backblech in den warmen Backofen schieben. Die Teigrollen gehen lassen, bis sie sich sichtbar vergrößert haben (etwa 60 Minuten).

8. Das Backblech auf einen Kuchenrost stellen und mit einem Geschirrtuch zudecken.

9. Den Backofen vorheizen. Ober/Unterhitze: etwa 220 °C, Heißluft: etwa 200 °C.

10. Zum Bestreichen Ei und Milch verschlagen. Die Teigrollen damit bestreichen. Die Backofentemperatur um 40 °C auf Ober-/Unterhitze: etwa 180 °C, Heißluft: etwa 160 °C reduzieren. Backblech in den vorgeheizten Backofen schieben. Brötchen **etwa 20 Minuten backen.**

11. Blättrige Schokobrötchen auf einem Kuchenrost erkalten lassen, vor dem Servieren mit Puderzucker bestäuben.

Pro Stück:
E: 5 g, F: 15 g, Kh: 29 g, kJ: 1168, kcal: 284 , BE: 2,5

Tipps: Um die Lieben am Sonntagmorgen zu überraschen, einfach ein paar Brötchen auf Vorrat backen, erkalten lassen und sofort einfrieren. Die eingefrorenen Brötchen dann kurz vor dem Frühstück in den kalten Backofen schieben und bei Ober-/Unterhitze: etwa 180 °C, Heißluft: etwa 160 °C 8–10 Minuten aufbacken.

Buttermilchbrötchen

Fürs Familienfrühstück

12 Brötchen
Für den Teig:
600 g Weizenmehl
1 Pck. Dr. Oetker Backin
1 gestr. TL Salz
2 TL Zucker
80 g Butter (zimmerwarm)
2 Eier (Größe M)
250 g Buttermilch

etwas Weizenmehl
zum Bestäuben

Zum Bestreichen:
50 g Buttermilch
1 Eigelb (Größe M)

Zubereitungszeit: 10 Minuten,
ohne Abkühlzeit
Backzeit: etwa 30 Minuten

1. Den Backofen vorheizen. Ober-/Unterhitze: etwa 200 °C, Heißluft: etwa 180 °C.

2. Für den Teig Mehl mit Backpulver, Salz und Zucker in einer Rührschüssel vermischen. Die Butter, Eier und Buttermilch hinzugeben. Die Zutaten mit einem Mixer (Knethaken) zu einem glatten Teig verarbeiten (etwa 2 Minuten).

3. Den Teig aus der Schüssel nehmen, auf einer leicht mit Mehl bestäubten Arbeitsfläche zu einer 8–10 cm dicken Rolle formen und mit einem sehr scharfen Messer in 12 gleich große Scheiben schneiden (nicht drücken!).

4. Die Teigstücke mit der Schnittfläche nach oben mit Abstand auf ein Backblech (mit Backpapier belegt) legen.

5. Zum Bestreichen Buttermilch mit Eigelb verschlagen. Die Teigstücke damit bestreichen.

6. Das Backblech in den vorgeheizten Backofen schieben. Die Buttermilchbrötchen **etwa 30 Minuten backen**.

7. Die Brötchen mit dem Backpapier vom Backblech auf einen Kuchenrost ziehen. Brötchen erkalten lassen.

Pro Stück:
E: 7 g, F: 8 g, Kh: 38 g, kJ: 1054, kcal: 252, BE: 3,0

Tipps: Zu diesem Brot passen süße und auch herzhafte Beläge. Sehr lecker ist es mit vegetarischen Pasteten bestrichen und mit Gurkenscheiben belegt.

••

Grießbrot

Einfach

1 rundes Brot
Zum Vorbereiten:
425 ml Wasser
2 gestr. TL Salz
100 g Weizen-Vollkorngrieß

Für den Teig:
350 g Weizenmehl (Type 550)
1 gestr. TL Brotgewürz
1 Pck. Dr. Oetker Trockenbackhefe
2 EL Speiseöl, z. B. Rapsöl

etwas Weizenmehl
zum Bestäuben

**Zum Bestreichen
und Bestreuen:**
etwas Wasser
Weizen-Vollkorngrieß

Zubereitungszeit: 45 Minuten
Ruhe-/Gehzeit:
etwa 1 Stunde und 30 Minuten
Backzeit: 40–50 Minuten

1. Zum Vorbereiten Wasser in einem Topf aufkochen, Salz und Grieß unter Rühren einstreuen und kurz aufkochen lassen. Den Topf von der Kochstelle nehmen. Den Grießbrei unter Rühren lauwarm abkühlen lassen.

2. Für den Teig Mehl in einer Rührschüssel mit Brotgewürz und Trockenbackhefe sorgfältig vermischen. Speiseöl und lauwarmen Grießbrei hinzufügen. Die Zutaten mit einem Mixer (Knethaken) zunächst kurz auf niedrigster, dann auf höchster Stufe zu einem glatten Teig verkneten (etwa 5 Minuten).

3. Den Teig leicht mit Mehl bestäuben und zugedeckt so lange an einem warmen Ort gehen lassen, bis er sich sichtbar vergrößert hat (etwa 50 Minuten).

4. Den Teig leicht mit Mehl bestäuben, aus der Schüssel nehmen, auf der leicht mit Mehl bestäubten Arbeitsfläche nochmals kurz durchkneten, zu einer Kugel formen und auf ein Backblech (gefettet, mit Backpapier belegt) legen. Die Teigkugel mit Wasser bestreichen, mit Grieß bestreuen und einreiben.

5. Die Teigkugel nochmals zugedeckt so lange an einem warmen Ort gehen lassen, bis sie sich sichtbar vergrößert hat (etwa 40 Minuten, bis die Oberfläche leicht einreißt).

6. Nach etwa 25 Minuten Teiggehzeit den Backofen vorheizen. Ober-/Unterhitze: etwa 250 °C, Heißluft: etwa 230 °C.

7. Die Teigkugel mit einem Sägemesser gitterförmig einschneiden (etwa 1 cm tief). Das Backblech in den vorgeheizten Backofen schieben. Das Brot **etwa 10 Minuten backen.**

8. Dann die Backofentemperatur um 50 °C auf Ober-/Unterhitze: etwa 200 °C, Heißluft: etwa 180 °C herunterschalten. Das Brot **weitere 30–40 Minuten backen.**

9. Das Brot auf einem Kuchenrost erkalten lassen.

Insgesamt:
E: 52 g, F: 24 g, Kh: 337 g, kJ: 7454, kcal: 1781, BE: 28,0

Tipps: Diese herzhaften Brötchen schmecken immer gut: Egal, ob mit Frischkäse oder fruchtiger Konfitüre bestrichen, mit kräftigem Käse oder mit rustikaler Mettwurst belegt. Die Brötchen lassen sich sehr gut einfrieren. Dann vor dem Servieren einfach kurz aufbacken.

Körnerbrötchen

Ideal als Pausenbrötchen – machen schön satt

16 Brötchen
Zum Vorbereiten:
200 g Dinkelkörner

Für den Teig:
300 ml lauwarmes Wasser
15 g frische Hefe
2 EL Honig
200 g Weizenmehl (Type 550)
200 g Weizenvollkornmehl
100 g Hartweizengrieß
50 g Sonnenblumenkerne
50 g Kürbiskerne
2 gestr. TL Salz
2 EL Sonnenblumenöl

etwas Mehl zum Bestäuben
etwas Wasser zum Bestreichen

Zum Bestreuen:
2 EL Sonnenblumenkerne

Zubereitungszeit: 50 Minuten,
ohne Koch- und Abkühlzeit
Ruhe-/Gehzeit: etwa 3 Stunden
Backzeit: 20–25 Minuten
je Backblech

1. Zum Vorbereiten Dinkelkörner in einen Topf geben, knapp mit Wasser bedeckt, zugedeckt zum Kochen bringen. Dinkelkörner etwa 60 Minuten bei schwacher Hitze kochen lassen (evtl. etwas Wasser nachgießen). Topf von der Kochstelle nehmen und die Dinkelkörner abkühlen lassen (etwa 30 Minuten).

2. In der Zwischenzeit für den Teig Wasser in eine Rührschüssel geben. Hefe und Honig hinzugeben und unter Rühren darin auflösen. Mehl (Type 550) hinzugeben und mit einem Mixer (Knethaken) zu einem sehr weichen Vorteig verkneten.

3. Weizenvollkornmehl, Hartweizengrieß, Sonnenblumen- und Kürbiskerne, Salz und Sonnenblumenöl locker daraufgeben (nicht unterkneten). Mit Frischhaltefolie zudecken und so lange an einem warmen Ort gehen lassen, bis sich Risse in den aufgeschütteten Zutaten zeigen (etwa 60 Minuten).

4. In der Zwischenzeit die eingeweichten Körner in ein Sieb geben und gut abtropfen lassen.

5. Dinkelkörner auf die Zutaten in der Rührschüssel geben und alle Zutaten mit einem Mixer (Knethaken) zu einem glatten Teig verkneten. Den Teig mit Frischhaltefolie zudecken und so lange an einem

warmen Ort gehen lassen, bis er sich sichtbar vergrößert hat (etwa 60 Minuten).

6. Den Teig auf eine leicht mit Mehl bestäubte Arbeitsfläche geben und mit den Händen zu einem glatten Teig verkneten. Teig in 16 gleiche große Portionen teilen. Jede Portion zunächst zu einer Kugel, dann zu einem Laib von etwa 10 cm Länge formen.

7. Die 16 Teiglaibe auf zwei Backblechen (gefettet, mit Backpapier belegt) verteilen und mit einem sehr scharfen Messer je zweimal einschneiden. Anschließend mit kaltem Wasser bestreichen und mit den Sonnenblumenkernen bestreuen. Teiglaibe mit Frischhaltefolie zudecken, an einem warmen Ort so lange gehen lassen, bis sie sich sichtbar vergrößert haben (etwa 60 Minuten). Folie entfernen.

8. Den Backofen vorheizen. Ober-/Unterhitze: etwa 200 °C, Heißluft: etwa 180 °C.

9. Die Backbleche nacheinander (bei Heißluft zusammen) in den vorgeheizten Backofen schieben. Die Brötchen **20–25 Minuten je Backblech backen.**

10. Körnerbrötchen aus dem Backofen nehmen und sofort mit Wasser besprühen. Dann auf einen Kuchenrost legen und erkalten lassen.

Pro Stück:
E: 8 g, F: 5 g, Kh: 32 g, kJ: 865, kcal: 207, BE: 2,5

Klappbrötchen

Frische Optik auf dem Frühstückstisch

12 Stück
Für den Vorteig:
375 ml lauwarme Milch
15 g frische Hefe
200 g Weizenmehl (Type 550)

Für den Teig:
300 g Weizenmehl (Type 550)
2 gestr. TL Salz

etwas Weizenmehl
zum Bestäuben

**Zum Bestreichen und
Bestreuen:**
50 g zerlassene,
abgekühlte Butter
etwas Salz

Zubereitungszeit: 30 Minuten
Ruhe-/Gehzeit:
etwa 3 Stunden und 40 Minuten
Backzeit: etwa 25 Minuten
je Backblech

1. Für den Vorteig Milch in eine Rührschüssel geben und die Hefe unter Rühren darin auflösen. Mehl hinzugeben und unterrühren. Die Schüssel mit Frischhaltefolie zudecken und den Vorteig so lange an einem warmen Ort gehen lassen, bis er sich sichtbar vergrößert hat (etwa 30 Minuten).

2. Für den Teig Mehl und Salz zu dem Vorteig geben und mit einem Mixer (Knethaken) unterkneten (etwa 1 Minute). Den Teig mit Frischhaltefolie zudecken und so lange an einem warmen Ort gehen lassen bis, er sich sichtbar vergrößert hat (etwa 2 Stunden).

3. Zunächst den Teig in der Rührschüssel mit den Händen verkneten. Anschließend zugedeckt ruhen lassen (etwa 10 Minuten). Den Teig auf eine leicht mit Mehl bestäubte Arbeitsfläche geben und zu einem Rechteck (etwa 1 cm dick) ausrollen. Aus dem Teig 12 Kreise mit einem Durchmesser von etwa 10 cm ausstechen (z. B. mit einem Dessertschälchen).

4. Die Teigkreise mit der Hälfte der zerlassenen Butter bestreichen und dünn mit Salz bestreuen. Die Teigkreise an einer Stelle jeweils bis zur Mitte einschneiden und dann zusammenklappen.

5. Die Brötchen auf zwei Backblechen (gefettet, mit Backpapier belegt) verteilen. Anschließend mit der restlichen Butter bestreichen und zugedeckt so lange an einem warmen Ort gehen lassen, bis sie sich sichtbar vergrößert haben (mindestens 60 Minuten).

6. Den Backofen vorheizen. Ober-/Unterhitze: etwa 200 °C, Heißluft: etwa 180 °C.

7. Die Brötchen vor dem Backen an der geraden Seite vorsichtig zusammendrücken. Die Backbleche nacheinander (bei Heißluft zusammen) in den vorgeheizten Backofen schieben. Die Brötchen **etwa 25 Minuten je Backblech backen.**

8. Die Brötchen auf einen Kuchenrost legen und möglichst noch warm servieren.

Tipps: Möchten Sie die Brötchen frisch zum Frühstück servieren, bereiten Sie sie bis einschließlich Punkt 4 vor. Anschließend lassen Sie die Klappbrötchen zugedeckt über Nacht im Kühlschrank gehen. Am Morgen nehmen Sie zuerst die Brötchen aus dem Kühlschrank, dann heizen Sie den Backofen vor und backen die Brötchen wie im Rezept beschrieben.
Den restlichen Teig vom Ausstechen zusammenkneten, zu einem Brötchen formen und mitbacken.

••

Pro Stück:
E: 5 g, F: 5 g, Kh: 29 g, kJ: 766, kcal: 183, BE: 2,5

Buttermilchbrot im Kochtopf

Schnell gemacht

1 rundes Brot
1 Kochtopf (Ø etwa 24 cm, mit ofenfesten Griffen)
etwas Mehl

Für den Teig:
300 g Weizenmehl
200 g Weizenvollkornmehl
1 ½ gestr. TL Salz
½ gestr. TL Natron
350 g Buttermilch

etwas Mehl zum Bestäuben

Zubereitungszeit: 15 Minuten
Ruhe-/Gehzeit: keine
Backzeit: etwa 60 Minuten

1. Den Backofen vorheizen. Ober-/Unterhitze: etwa 220 °C, Heißluft: etwa 200 °C.

2. Stellen Sie den Topf auf eine Kochstelle und streuen Sie etwas Mehl hinein. Dann den Topf mit einem Deckel verschließen und bei schwacher Hitze erwärmen.

3. Für den Teig in einer Rührschüssel beide Mehlsorten, Salz und Natron gründlich vermischen. Buttermilch hinzugießen und mit einem Mixer (Knethaken) zu einem glatten Teig verkneten (etwa 2 Minuten).

4. Den Teig auf eine leicht mit Mehl bestäubte Arbeitsfläche geben und mit den Händen nochmals verkneten (etwa 2 Minuten). Teig zu einer Kugel formen und mit einem sehr scharfen Messer kreuzweise einschneiden (etwa 2 cm tief).

5. Die Teigkugel in den vorgewärmten Topf legen und den Topf mit dem Deckel verschließen.

6. Die Backofentemperatur um etwa 20 °C auf Ober-/Unterhitze: etwa 200 °C, Heißluft: etwa 180 °C herunterschalten. Den Topf auf dem Rost im unteren Drittel in den vorgeheizten Backofen schieben. Das Buttermilchbrot im Kochtopf **etwa 60 Minuten backen**.

7. Das noch heiße Brot vorsichtig aus dem Topf stürzen und auf einem Kuchenrost erkalten lassen.

Tipps: Haben Sie keinen ofenfesten Topf zur Hand, können Sie das Brot auch in einer Springform (Ø 24 cm) backen. Decken Sie dann die Form mit Alufolie zu.
Das Brot schmeckt durch die enthaltene Buttermilch säuerlich-frisch. Dazu passt fruchtige Konfitüre und Quarkaufstrich. Oder bestreichen Sie die Brotscheiben dünn mit Sahnemeerrettich. Belegen Sie sie dann mit feinem Räucherlachs, geräuchertem Forellenfilet oder Knochenschinken. Möchten Sie das Brot abwandeln, geben Sie 1–2 Esslöffel getrocknete Dillspitzen (lecker zu Fisch) oder nach Geschmack einige Kümmel- oder Koriandersamen mit in den Teig.

••

Insgesamt:
E: 67 g, F: 10 g, Kh: 365 g, kJ: 7730, kcal: 1845, BE: 30,5

Tipps: Diese leckeren Hörnchen schmecken mit Quark oder Frischkäse und süßen Konfitüren. Kleine Kinder mögen diese Hörnchen sehr gern ganz ohne Belag.

Butterhörnchen

Wecken Kindheitserinnerungen

10–12 Hörnchen
Für den Teig:
175 ml Wasser
70 g Butter oder Margarine
375 g Weizenmehl (Type 550)
1 Pck. Dr. Oetker Trockenbackhefe
½ gestr. TL Salz
1 EL flüssiger Honig

etwas Weizenmehl
zum Bestäuben

Zum Bestreichen:
50 g Butter oder Margarine
1 Eigelb (Größe M)
1 EL Wasser oder Milch
Zubereitungszeit: 45 Minuten
Ruhe-/Gehzeit: etwa 45 Minuten
Backzeit: 20–25 Minuten

1. Für den Teig Wasser leicht erwärmen, Butter oder Margarine darin zerlassen. Mehl in eine Rührschüssel geben und sorgfältig mit der Hefe vermischen. Salz, Honig und Wasser-Fett-Gemisch dazugeben.

2. Die Zutaten mit einem Mixer (Knethaken) zunächst auf niedrigster, dann auf höchster Stufe zu einem glatten Teig verkneten (etwa 5 Minuten). Den Teig zugedeckt so lange an einem warmen Ort gehen lassen, bis er sich sichtbar vergrößert hat (etwa 30 Minuten).

3. Zum Bestreichen Butter oder Margarine zerlassen. Den Teig auf einer leicht mit Mehl bestäubten Arbeitsfläche kurz durchkneten und zu einer runden Platte (Ø etwa 40 cm) ausrollen. Die Teigplatte mit einem scharfen Messer in 10–12 gleich große Tortenstücke schneiden.

4. Die Dreiecke mit der Butter oder Margarine bestreichen und von der breiten Seite zur Spitze hin locker aufrollen. Teigstücke zu Hörnchen formen und auf ein Backblech (mit Backpapier belegt) legen. Dabei darauf achten, dass die Teigspitze unter dem Hörnchen liegt (springt sonst auf).

5. Den Backofen vorheizen. Ober-/Unterhitze: etwa 200 °C, Heißluft: etwa 180 °C.

6. Die Hörnchen zugedeckt nochmals so lange gehen lassen, bis sie sich sichtbar vergrößert haben (etwa 15 Minuten).

7. Eigelb mit Wasser oder Milch verquirlen und die Hörnchen damit bestreichen. Das Backblech in den vorgeheizten Backofen schieben. Die Hörnchen **20–25 Minuten backen**.

8. Die Hörnchen vom Backpapier lösen und auf einem Kuchenrost erkalten lassen.

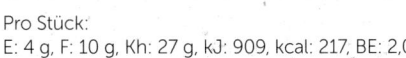

Pro Stück:
E: 4 g, F: 10 g, Kh: 27 g, kJ: 909, kcal: 217, BE: 2,0

Tipps: Das Milchknäcke sollte nach dem Backen trocken und knusprig sein. Es kann in einer gut schließenden Dose aufbewahrt werden. Milchknäcke ist lecker mit Frischkäse bestrichen und mit Schnittlauchröllchen bestreut.

Milchknäcke

Einfach

24 Knäckebrotscheiben
Für den Hefeteig:
450 g Weizenmehl (Type 550)
2 gestr. TL Salz
1 Pck. Dr. Oetker Trockenbackhefe
1 gestr. TL Dr. Oetker Backin
200 ml Milch
100 g Buttermilch
50 g Butter (zimmerwarm)

etwas Weizenmehl
zum Bestäuben

Zum Bestreichen
und Bestreuen:
etwas Wasser
25 g Weizenkleie

1 sauberes Geschirrtuch
Zubereitungszeit: 60 Minuten
Ruhe-/Gehzeit:
etwa 1 Stunde und 10 Minuten
Backzeit: 10–15 Minuten
je Backblech

1. Für den Teig Mehl in einer Rührschüssel mit Salz, Trockenbackhefe und Backpulver sorgfältig vermischen. Milch, Buttermilch und Butter hinzufügen. Die Zutaten mit einem Mixer (Knethaken) zunächst kurz auf niedrigster, dann auf höchster Stufe zu einem glatten Teig verkneten (etwa 5 Minuten).

2. Teig mit Mehl bestäuben, zugedeckt so lange an einem warmen Ort gehen lassen, bis er sich sichtbar vergrößert hat (etwa 40 Minuten).

3. Den gegangenen Teig leicht mit Mehl bestäuben, aus der Schüssel nehmen, auf der bemehlten Arbeitsfläche nochmals kurz durchkneten und zu einer Rolle formen. Die Teigrolle in 24 gleich große Portionen teilen.

4. Die Teigportionen jeweils zu einer Kugel formen, dann auf der bemehlten Arbeits-fläche mit der Teigrolle zu ovalen Fladen (etwa 7 x 20 cm) ausrollen. Die Teigfladen auf 4 Backblechen (gefettet, mit Back-papier belegt) verteilen, dünn mit Mehl bestäuben und zugedeckt an einem war-men Ort gehen lassen, bis sie sich sicht-bar vergrößert haben (etwa 30 Minuten).

5. Nach etwa 15 Minuten Teiggehzeit den Backofen vorheizen. Ober-/Unterhitze: etwa 220 °C, Heißluft: etwa 200 °C.

6. Die Teigfladen kurz vor dem Backen dünn mit Wasser bestreichen und sofort mit Kleie bestreuen. Dann mit einem Fleischklopfer ein tiefes Muster in die Fladen drücken oder die Fladen mit einer Gabel mehrfach einstechen.

7. Die Backbleche nacheinander (bei Heißluft 2 Backbleche zusammen) in den vorgeheizten Backofen schieben. Die Knäckebrotscheiben **10–15 Minuten je Backblech backen**. Die übrigen Teigfladen bis zum Backen mit einem Geschirrtuch zudecken.

8. Die Fladen vom Backpapier nehmen und auf Kuchenrosten erkalten lassen.

Pro Stück:
E: 3 g, F: 2 g, Kh: 16 g, kJ: 400, kcal: 96, BE: 1,5

Tipps: Die Land-Baguettes werden noch knuspriger, wenn sie nach dem Backen mit Wasser bestrichen oder besprüht werden. Formen Sie aus dem Teig 10 kleine Land-Baguettes. Die Gehzeiten ändern sich nicht. Die Backzeit reduziert sich um etwa 2 Minuten. Land-Baguettes sollten immer sehr frisch gegessen werden. Servieren Sie das Brot zu Käse, Schalottencreme oder Antipasti wie eingelegten Tomaten oder Oliven. Auch zu Fisch (z. B. frisch geräucherter Forelle) schmeckt es wunderbar.

••

Land-Baguettes

Klassisch – für Gäste

2 Baguettes
Für den Teig:
250 ml lauwarmes Wasser
21 g frische Hefe
1 Prise Zucker
400 g Weizenmehl (Type 550)
1–2 gestr. TL Salz

etwas Weizenmehl
zum Bestäuben

1 sauberes Geschirrtuch

Zubereitungszeit: 20 Minuten
Ruhe-/Gehzeit:
etwa 1 Stunde und 45 Minuten
Backzeit: etwa 12–15 Minuten

1. Für den Teig 4 Esslöffel des Wassers in eine Rührschüssel geben. Hefe und Zucker unter Rühren darin auflösen. Hefeansatz zugedeckt bei Zimmertemperatur stehen lassen (etwa 15 Minuten).

2. Restliches Wasser, Mehl und Salz hinzugeben. Das Ganze mit einem Mixer (Knethaken) oder der Küchenmaschine (Knethaken) auf höchster Stufe zu einem elastischen Teig verkneten (etwa 3 Minuten). Den Teig mit Frischhaltefolie zudecken und so lange an einem warmen Ort gehen lassen, bis er sich sichtbar vergrößert hat (etwa 30 Minuten).

3. Die Frischhaltefolie vom Teig nehmen und beiseitelegen. Den Teig mit Mehl bestäuben, auf eine leicht mit Mehl bestäubte Arbeitsfläche geben und mit den Händen kurz verkneten. Den Teig halbieren und zugedeckt nochmals so lange an einem warmen Ort gehen lassen, bis er sich sichtbar vergrößert hat (etwa 30 Minuten).

4. Dann beide Teigportionen vorsichtig auf eine leicht mit Mehl bestäubte Arbeitsfläche geben und daraus 2 Teigstangen formen (je etwa 30 cm Länge). Dabei darauf achten, dass die feinen Luftbläschen im Teig möglichst erhalten bleiben.

5. Die Teigstangen auf ein leicht mit Mehl bestäubtes Geschirrtuch legen. Zwischen den Teigstangen eine Tuchfalte hochziehen (sie kleben sonst aneinander). Die

Teigstangen mit einem sehr scharfen Messer schräg einschneiden (etwa 1 cm tief), mit wenig Mehl bestäuben und wieder mit der beiseitegelegten Frischhaltefolie zudecken. Anschließend die Stangen einen warmen Ort so lange gehen lassen, bis sie sich sichtbar vergrößert haben (etwa 30 Minuten).

6. Den Backofen vorheizen. Ober-/Unterhitze: etwa 240 °C, Heißluft: etwa 220 °C.

7. Das Backblech in den vorgeheizten Backofen schieben und erhitzen. Ein ofenfestes Gefäß mit heißem Wasser füllen und auf einen Metall-Kuchenrost auf den Boden des Backofens stellen.

8. Die Teigstangen vorsichtig vom Tuch nehmen und auf einen Bogen Backpapier legen.

9. Das heiße Backblech mithilfe von Topflappen aus dem Backofen nehmen (Achtung: heißer Wasserdampf!) und auf einen Kuchenrost stellen. Backpapier mit den Teigstangen vorsichtig auf das heiße Backblech ziehen. Das Backblech sofort in den Backofen schieben.

10. Die Backofentemperatur um etwa 20 °C auf Ober-/Unterhitze: etwa 220 °C, Heißluft: etwa 200 °C reduzieren. Die Land-Baguettes **12–15 Minuten backen**.

11. Land-Baguettes auf einen Kuchenrost legen und erkalten lassen.

Pro Stück:
E: 26 g, F: 2 g, Kh: 162 g, kJ: 3270, kcal: 780, BE: 14,0

Tipps: Haben Sie keine Küchenmaschine, kneten Sie den Teig mit einem Mixer (Knethaken) oder den Händen sehr gründlich. Das Gebäck kann am Vorabend zubereitet und auf dem Blech über Nacht kalt gestellt werden. Dabei geht der Teig langsam auf und kann morgens vor dem Servieren frisch gebacken werden. Hierzu schmeckt klassische Erdbeer-Konfitüre ausgezeichnet. Auch feine Orangenmarmelade oder samtige Fruchtaufstriche harmonieren wunderbar mit butterfeinem Hefeteig.

Schleifenbrötchen

Haben sich feingemacht fürs Frühstück

12 Brötchen

Gelingen am besten mit der Küchenmaschine

Für den Vorteig:

150 g Weizenmehl

1 Pck. Dr. Oetker Trockenbackhefe

20 g Zucker

150 ml lauwarme Milch

Für den Teig:

400 g Weizenmehl

100 g Zucker

6 Eigelb (Größe M)

250 g Butter (zimmerwarm)

Zum Bestäuben:

5 EL Weizenmehl

2 EL Puderzucker

Zubereitungszeit: 45 Minuten
Ruhe-/Gehzeit:
etwa 3 Stunden und 30 Minuten
Backzeit: etwa 15 Minuten
je Backblech

1. Für den Vorteig Mehl mit Trockenbackhefe und Zucker in der Rührschüssel einer Küchenmaschine mischen. Milch unterrühren und zu einem glatten Teig verarbeiten. Vorteig zugedeckt so lange an einem warmen Ort gehen lassen, bis er sich sichtbar vergrößert hat (etwa 60 Minuten).

2. Für den Teig Mehl, Zucker, Eigelb und Butter zum Vorteig geben und mit der Küchenmaschine (Knethaken) zu einem glatten Teig verarbeiten (etwa 5 Minuten). Den Teig zugedeckt so lange an einem warmen Ort gehen lassen, bis er sich sichtbar vergrößert hat (etwa 2 Stunden).

3. Anschließend den Teig mit Mehl bestäuben, aus der Schüssel nehmen und mit den Händen zu einem elastischen Teig verkneten. Den Teig in 12 gleich große Portionen teilen. Die Teigstücke jeweils zu einem etwa 30 cm langen Teigstrang formen, der zu den Enden hin etwas dünner werden soll. Anschließend zu einer Schleife drehen (siehe Foto). Die Teigschleifen auf zwei Backblechen (gefettet, mit Backpapier belegt) verteilen. Die Teigschleifen zugedeckt an einem warmen Ort gehen lassen, bis sie sich sichtbar vergrößert haben (etwa 30 Minuten).

4. Den Backofen vorheizen. Ober-/Unterhitze: etwa 180 °C, Heißluft: etwa 160 °C.

5. Die Backbleche nacheinander (bei Heißluft zusammen) in den vorgeheizten Backofen schieben. Die Brötchen etwa **15 Minuten je Backblech backen.**

6. Die Schleifenbrötchen auf einen Kuchenrost legen, mit Puderzucker bestäuben und noch warm servieren.

Pro Stück:
E: 8 g, F: 21 g, Kh: 50 g, kJ: 1786, kcal: 427, BE: 4,0

Hefezopf

Verführerisch – für Gäste

etwa 12 Stücke
Für den Hefeteig:
250 g Schlagsahne
500 g Weizenmehl
1 Pck. Dr. Oetker
Trockenbackhefe
80 g Zucker
1 Pck. Dr. Oetker
Vanillin-Zucker
1 Pck. Dr. Oetker Finesse
Geriebene Zitronenschale
1 Prise Salz
2 Eier (Größe M)
1 Eiweiß (Größe M)

etwas Weizenmehl
zum Bestäuben

Zum Bestreichen:
1 Eigelb (Größe M)
1 EL Milch

Zubereitungszeit: 35 Minuten
Ruhe-/Gehzeit: etwa 40 Minuten
Backzeit: etwa 30 Minuten

1. Für den Teig Sahne erwärmen. Mehl in einer Rührschüssel mit Trockenbackhefe vermischen. Übrige Teigzutaten und die warme Sahne hinzufügen, alles mit einem Mixer (Knethaken) kurz auf niedrigster, dann auf höchster Stufe in etwa 5 Minuten zu einem glatten Teig verarbeiten. Den Teig zugedeckt so lange an einem warmen Ort gehen lassen, bis er sich sichtbar ver- größert hat (etwa 20 Minuten)

2. Den Teig leicht mit Mehl bestäuben und auf der leicht bemehlten Arbeitsfläche kurz durchkneten. Aus dem Teig 4 je etwa 30 cm lange Rollen formen.

3. Die Rollen zu einem Zopf flechten. Dazu die 4 Rollen nebeneinanderlegen. Die oberen Teigenden der Rollen etwas zu- sammendrücken. Teigrolle 4 über Rolle 3, unter Rolle 2 und über Rolle 1 legen. Alle Teigrollen ein wenig nach rechts rücken, dann die äußerste rechte Rolle (3) aufneh- men, über Rolle 2, unter Rolle 1 und über Rolle 4 legen. Dies so oft wiederholen, bis der Zopf fertig geflochten ist, dabei immer von rechts beginnen. Die Teigenden gut zusammendrücken. Den Zopf auf ein Backblech (mit Backpapier belegt) legen.

4. Eigelb mit Milch verschlagen und den Zopf damit bestreichen. Den Zopf zuge- deckt nochmals so lange an einem warmen Ort gehen lassen, bis er sich sichtbar vergrößert hat (etwa 20 Minuten).

5. Den Backofen vorheizen. Ober-/Unter- hitze: etwa 180 °C, Heißluft: etwa 160 °C.

6. Das Backblech in den vorgeheizten Backofen schieben. Den Hefezopf **etwa 30 Minuten backen**.

7. Den Hefezopf mit dem Backpapier vom Backblech auf einen Kuchenrost ziehen und erkalten lassen.

Rezeptvarianten: Für einen Rosinenzopf kneten Sie nach der ersten Teiggehzeit 200 g Rosinen kurz unter den Teig. Für einen Hefezopf mit exotischen Trockenfrüchten können Sie auch 200 g exotische Trockenfrüchte, grob gehackt, nach der ersten Teiggehzeit kurz unter den Teig kneten.

Pro Stück:
E: 7 g, F: 9 g, Kh: 39 g, kJ: 1108, kcal: 265, BE: 3,5

Feine Sesambrötchen

Für Muttis Heim-Burger – Titelrezept

8 Brötchen
Für den Teig:
300 ml lauwarmes Wasser
21 g frische Hefe
25 g Zucker
550 g Weizenmehl
2 gestr. TL Salz
1 ½ EL Olivenöl

etwas Weizenmehl
zum Bestäuben
etwas Wasser zum Bestreichen

Zum Bestreuen:
25 g geschälte Sesamsamen
grob gem. Pfeffer

Zubereitungszeit: 35 Minuten
Ruhe-/Gehzeit:
etwa 1 Stunde und 40 Minuten
Backzeit: 20–25 Minuten

1. Für den Teig Wasser in eine Rührschüssel gießen. Hefe und Zucker hinzugeben, unter Rühren darin auflösen.

2. Mehl, Salz und Olivenöl hinzugeben. Mit dem Mixer (Knethaken) zu einem glatten Teig verarbeiten und so lange kneten, bis sich der Teig vom Schüsselrand löst. Den Teig mit Mehl bestäuben und zugedeckt so lange an einem warmen Ort gehen lassen, bis er sich sichtbar vergrößert hat (etwa 40 Minuten).

3. Anschließend den Teig auf einer leicht mit Mehl bestäubten Arbeitsfläche mit den Händen verkneten und in 8 gleich große Stücke teilen. Die Teigstücke zu gleichmäßigen, glatten Kugeln formen und mit etwas Abstand auf ein Backblech (gefettet, mit Backpapier belegt) legen.

4. Die Oberseite der Teigkugeln dünn mit Wasser bestreichen und gleichmäßig mit Sesam bestreuen. Mit grob gemahlenem Pfeffer bestreuen. Teigstücke mit Frischhaltefolie zudecken und so lange an einem warmen Ort gehen lassen, bis sie sich deutlich sichtbar vergrößert haben (etwa 60 Minuten). Folie entfernen.

5. Das Backblech in den Backofen schieben. Den Backofen einschalten. Ober-/Unterhitze: etwa 200 °C, Heißluft: nicht empfehlenswert (die Brötchen werden zu dunkel).

6. Die Sesambrötchen **20–25 Minuten backen**. Sollten die Brötchen zu dunkel werden, decken Sie sie mit einem Bogen Backpapier zu.

7. Die Brötchen auf einen Kuchenrost legen und erkalten lassen.

Tipps: Diese Brötchen sind bestens geeignet, um Hamburger zuzubereiten. Auch feiner Kochschinken, Roastbeef mit Remouladensauce und Schnittkäse passen sehr gut dazu. Oder zunächst die Brötchen mit Frischkäse bestreichen, anschließend mit geräuchertem Forellenfilet oder Lachsscheiben belegen, darauf Salat und Gurkenscheiben.
••

Pro Stück:
E: 9 g, F: 4 g, Kh: 54 g, kJ: 1227, kcal: 293 , BE: 4,5

Roggenringe

Großer Knusperspaß

5 Stück
Für den Teig:
250 g Roggenmehl (Type 1150)
1 gestr. TL Dr. Oetker Trockenbackhefe
175 ml lauwarmes Wasser
1 gestr. TL Salz
25 g Butter (zimmerwarm)

Zum Bestäuben:
2 EL Roggenmehl

Zubereitungszeit: 15 Minuten
Ruhe-/Gehzeit: keine
Backzeit: 15–20 Minuten
je Backblech

1. Den Backofen vorheizen. Ober-/Unter-
hitze: etwa 240 °C, Heißluft: etwa 220 °C.

2. Für den Teig Mehl und Trockenbackhefe
in einer Rührschüssel mischen. Wasser,
Salz und Butter hinzugeben und mit einem
Mixer (Knethaken) zu einem elastischen
Teig verkneten (etwa 1 Minute).

3. Den Teig in fünf gleich große Stücke
teilen und jeweils zu einer Kugel formen.
Die Teigkugeln auf einer leicht mit Mehl
bestäubten Arbeitsfläche zu Kreisen
ausrollen (Ø etwa 15 cm). Jeweils in der
Mitte ein Loch (Ø etwa 3 cm) ausstechen.

4. Die Teigkreise auf Backbleche (mit Backpapier belegt) legen und nacheinander (bei
Heißluft zusammen) in den vorgeheizten
Backofen schieben. Die Roggenringe
15–20 Minuten je Backblech backen.

5. Die Roggenringe auf einen Kuchenrost
legen und erkalten lassen.

Tipps: Da das Brot sehr gut haltbar ist, stellen Sie die doppelte
Menge her. Lagern Sie die Roggenringe in einer gut verschlossenen
Dose, getrennt von frischem Brot. Aus diesem Teig können Sie auch
kleine Roggentaler, die sich gut zum Dippen eignen, zubereiten. Die
Backzeit beträgt dann etwa 10 Minuten. Zum Ausstechen können
Sie kleine Wassergläser verwenden. Oder Sie rollen den Teig auf
einer leicht mit Mehl bestäubten Arbeitsfläche aus und stechen mit
Plätzchenausstechern Motive (z. B. Tiere) aus. Das gefällt besonders
Kindern gut.

••

Pro Stück:
E: 5 g, F: 5 g, Kh: 36 g, kJ: 880, kcal: 210 , BE: 3,5

Tipps: Die Quarkbrötchen schmecken mit allen Belägen gut. Sie können sehr gut frisch eingefroren werden. Dann vor der Servieren einfach kurz auf dem Toaster aufbacken.

Quarkbrötchen

Gelingen leicht

16 Brötchen
Für den Hefeteig:
50 g Butter oder Margarine (zimmerwarm)
200 ml lauwarmes Wasser
500 g Weizenmehl (Type 550)
1 Pck. Dr. Oetker Trocken-backhefe
1 TL Zucker
1 ½ TL Salz
250 g Magerquark

etwas Weizenmehl zum Bestäuben

Zum Bestreichen und Bestreuen:
2 EL Wasser oder Milch
20 g Kürbiskerne
20 g geschälte Sesamsamen
20 g Mohnsamen

Zubereitungszeit: etwa 35 Minuten
Ruhe-/Gehzeit: etwa 45 Minuten
Backzeit: etwa 25 Minuten

1. Die Butter oder Margarine in das lauwarme Wasser geben und zerlassen.

2. Mehl mit Hefe in einer Rührschüssel vermischen. Zucker, Salz, Quark und Wasser-Fett-Gemisch hinzufügen. Die Zutaten mit einem Mixer (Knethaken) zunächst kurz auf niedrigster, dann auf höchster Stufe in zu einem glatten Teig verkneten (etwa 5 Minuten). Den Teig zugedeckt so lange an einem warmen Ort gehen lassen, bis er sich sichtbar vergrö-ßert hat (etwa 30 Minuten).

3. Den Teig leicht mit Mehl bestäuben, aus der Schüssel nehmen, auf der leicht mit Mehl bestäubten Arbeitsfläche nochmals kurz durchkneten. Aus dem Teig eine Rolle formen, mit der Teigkarte in 16 gleich große Scheiben teilen.

4. Aus den Scheiben Brötchen formen. Dafür eine Hand kuppelförmig über die Teigscheiben legen, die Hand und den Teig darin kreisen lassen, bis aus dem Teig eine Kugel entstanden ist.

5. Die Teigkugeln auf ein Backblech (mit Backpapier belegt) legen und zugedeckt so lange an einem warmen Ort gehen lassen, bis sie sich sichtbar vergrößert haben (etwa 15 Minuten).

6. Inzwischen den Backofen vorheizen. Ober-/Unterhitze: etwa 200 °C, Heißluft: etwa 180 °C.

7. Die Teigstücke mit Wasser oder Milch bestreichen und mit Kürbiskernen, Sesam oder Mohn bestreuen. Das Backblech in den vorgeheizten Backofen schieben. Die Brötchen **etwa 25 Minuten backen.**

8. Die Brötchen vom Backpapier nehmen und auf einem Kuchenrost erkalten lassen.

Pro Stück:
E: 6 g, F: 5 g, Kh: 24 g, kJ: 691, kcal: 165, BE: 2,0

Tipps: Rauchmandeln finden Sie beim Salzgebäck oder beim Trockenobst im Supermarkt. Sie sind ungeschält, geröstet und gesalzen. Sie können auch geröstete Cashewkerne oder Salzmandeln verwenden. Möchten Sie zusätzlich den Rauchgeschmack, geben Sie eine Messerspitze Hickory-Rauchsalz in den Teig.
Das Knäckebrot ist luftdicht verpackt etwa 2 Monate haltbar.

Knäckebrot mit Rauchmandeln

Knusprig und würzig

20 Scheiben
Für den Teig:
100 g Rauchmandeln
250 g Weizenmehl (Type 550)
1 Pck. Hefeteig Garant
1 Msp. Salz
30 g Butter oder Margarine
(zimmerwarm)
150 ml lauwarmes Wasser

etwas Weizenmehl
zum Bestäuben

Zubereitungszeit: 25 Minuten
Ruhe-/Gehzeit: etwa 15 Minuten
Backzeit: etwa 40 Minuten

1. Die Mandeln in einem Blitzhacker sehr fein hacken.

2. Den Backofen vorheizen. Ober-/Unterhitze: etwa 160 °C, Heißluft: etwa 140 °C.

3. Mehl, Hefeteig Garant und Salz in einer Rührschüssel mischen. Fein gehackte Mandeln, Butter oder Margarine und Wasser dazugeben. Die Zutaten mit einem Mixer (Knethaken) zu einem glatten Teig verkneten.

4. Den Teig auf der leicht mit Mehl bestäubten Arbeitsfläche kurz mit den Händen kneten und zu einem Rechteck in Backblechgröße (etwa 30 x 40 cm) ausrollen. Den Teig auf ein Backblech (gefettet) legen, mit Mehl bestäuben und zugedeckt ruhen lassen (etwa 15 Minuten).

5. Einen Fleischklopfer mit der gezackten Seite in Mehl tauchen. Mit dem Fleischklopfer dicht an dicht ein Muster in den Teig drücken oder mit einer Gabel dicht an dicht ein Muster in die Teigplatte einstechen. Die Teigplatte anschließend mit einem scharfen Messer in Rechtecke (etwa 10 x 6 cm) schneiden.

6. Das Backblech in den vorgeheizten Backofen schieben. Das Knäckebrot **etwa 25 Minuten backen**. Anschließend das Backblech auf einen Kuchenrost stellen und die Knäckebrotscheiben mithilfe zweier Pfannenwender wenden. Dann das Backblech wieder in den Backofen schieben. Das Knäckebrot weitere **etwa 15 Minuten backen**.

7. Die Knäckebrotscheiben vorsichtig auf einen Kuchenrost legen und erkalten lassen.

Variante ohne Mandeln: 50 g geschälte Kürbiskerne hacken und zusammen mit 50 g Buchweizen in einer Pfanne ohne Fett rösten, bis die Körner aromatisch duften. Abkühlen lassen. Den Teig dann wie beschrieben zubereiten und backen.

Pro Stück:
E: 3 g, F: 4 g, Kh: 10 g, kJ: 398, kcal: 95, BE: 1,0

Brote für viele Gelegenheiten

Von „alltagstauglich" bis „besonderes Mitbringsel"

Sie suchen ein einfach herzustellendes Brot für jeden Tag? Dann backen Sie das Weizenmischbrot oder das Weizenbrot mit Molke. Sie möchten Ihre Nachbarn mit selbst gebackenem Hüttenbrot im neuen Heim willkommen heißen? Vielleicht planen Sie eine Gartenparty und warmes, knuspriges Stockbrot sorgt für Genuss und gute Laune bei Groß und Klein …
Probieren Sie aus, welche Brote Sie so lecker finden, dass Sie sie am liebsten täglich genießen würden.

Tipps: Zu diesem besonders feinporigen Weißbrot schmecken feine Käse- und Aufschnittsorten sowie fruchtig-frische Konfitüren und Marmeladen. Auch als Beilage zu feinen, cremigen Suppen ist es gut geeignet.

Weißbrot mit Vorteig

Ganz besonders fein

1 ovales Brot

Gelingt am besten
mit der Küchenmaschine

Vorbereitungszeit erforderlich:
3 Tage

Für den Vorteig:

100 ml lauwarmes Wasser

10 g frische Hefe

80 g Weizenmehl (Type 550)

Für den Teig:

200 ml warmes Wasser

10 g frische Hefe

400 g Mehl (Type 550)

1–2 gestr. TL Salz

etwas Weizenmehl
zum Bestäuben

Zubereitungszeit: 20 Minuten
Ruhe-/Gehzeit: etwa 3 Tage
und 3 Stunden
Backzeit: 20–25 Minuten

1. Für den Vorteig Wasser in eine kleine Rührschüssel geben. Die Hefe unter Rühren darin auflösen. Mehl hinzugeben und zu einem glatten Teig verrühren. Die Rührschüssel mit Frischhaltefolie zudecken und 3 Tage in den Kühlschrank stellen. Während dieser Zeit den Vorteig nicht verrühren!

2. Für den Teig Wasser in die Rührschüssel einer Küchenmaschine geben. Hefe hinzugeben und unter Rühren darin auflösen. Anschließend den Vorteig unterrühren. Mehl und Salz hinzugeben. Die Zutaten auf höchster Stufe (Knethaken) zu einem elastischen Teig verkneten (etwa 2 Minuten). Rührschüssel mit Frischhaltefolie zudecken. Den Teig in der Rührschüssel so lange gehen lassen bis, er sich sichtbar vergrößert hat (etwa 2 Stunden).

3. Den Teig auf die leicht mit Mehl bestäubte Arbeitsfläche geben und etwa 5 Minuten mit den Händen zu einem elastischen Teig verkneten. Den Teig zu einem ovalen Laib (etwa 30 cm Länge) formen und auf ein Backblech (gefettet, mit Backpapier belegt) legen.

4. Den Teiglaib mit einem sehr scharfen Messer 3–4-mal schräg einschneiden. Den Laib mit Mehl bestäuben, mit Frischhaltefolie zudecken und an einem warmen Ort nochmals so lange gehen lassen, bis er sich sichtbar vergrößert hat (etwa 60 Minuten). Folie entfernen.

5. Den Backofen vorheizen. Ober-/Unterhitze: etwa 240 °C, Heißluft: etwa 220 °C.

6. Ein ofenfestes Gefäß mit heißem Wasser füllen und auf einen Metall-Kuchenrost auf den Boden des Backofens stellen.

7. Das Backblech in den vorgeheizten Backofen schieben.

8. Die Backofentemperatur um etwa 20 °C auf Ober-/Unterhitze: etwa 220 °C, Heißluft: etwa 200 °C reduzieren. Das Brot **20–25 Minuten backen.**

9. Das Weißbrot auf einen Kuchenrost legen und sofort mit Wasser bepinseln oder besprühen. (Dadurch erhält das Brot eine schöne Kruste.) Anschließend das Weißbrot erkalten lassen.

Insgesamt:
E: 56 g, F: 6 g, Kh: 360 g, kJ: 7299, kcal: 1742, BE: 30,0

Tipps: Die mit Wasser bestrichenen Brötchen mit gehackten Kürbiskernen bestreuen. Bestreichen Sie die Kürbisbrötchen mit Butter und feinem Quittengelee.

••

Kürbisbrötchen

Raffiniert

12 Brötchen
Zum Vorbereiten:
450 g Kürbisfruchtfleisch
100 ml Wasser

Für den Hefeteig:
500 g Weizenmehl (Type 550)
42 g frische Hefe
1 TL Zucker
3–4 EL Kürbiswasser
(von der Kürbismasse)
1 gestr. TL Salz

etwas Weizenmehl
zum Bestäuben

3 EL geröstete, geschälte
Kürbiskerne

etwas Wasser zum Bestreichen

Zubereitungszeit: 40 Minuten,
ohne Abkühlzeit
Ruhe-/Gehzeit: 45-50 Minuten
Backzeit: etwa 20 Minuten

1. Zum Vorbereiten Kürbisfleisch in Würfel schneiden und in einen Topf geben. Das Wasser hinzufügen, zum Kochen bringen und etwa 5 Minuten garen. Kürbiswürfel abtropfen lassen, dabei das Kochwasser auffangen und 3–4 Esslöffel davon abmessen. Die Kürbiswürfel erkalten lassen und pürieren.

2. Für den Teig Mehl in eine Rührschüssel geben. In die Mitte eine Vertiefung drücken, Hefe hineinbröckeln. Zucker und Kürbiswasser hinzufügen, alles mit einer Gabel verrühren und zugedeckt gehen lassen (10–15 Minuten).

3. Kürbispüree und Salz hinzufügen. Die Zutaten mit einem Mixer (Knethaken) auf höchster Stufe zu einem glatten Teig verkneten (etwa 5 Minuten). Sollte er kleben, noch etwas Mehl hinzugeben. Den Teig mit Mehl bestäuben und zugedeckt so lange an einem warmen Ort gehen lassen, bis er sich sichtbar vergrößert hat (etwa 20 Minuten).

4. Den gegangenen Teig leicht mit Mehl bestäuben, aus der Schüssel nehmen, auf der bemehlten Arbeitsfläche nochmals gut durchkneten. Die Kürbiskerne unterkneten. Den Teig in 12 gleich große Portionen teilen, jeweils zu einer Kugel formen und mit etwas Abstand auf ein Backblech (mit Backpapier belegt) legen. Die Oberfläche der Teigbrötchen kreuzweise mit einem sehr scharfen Messer einschneiden (nicht drücken). Teigbrötchen nochmals zugedeckt gehen lassen (etwa 15 Minuten).

5. Den Backofen vorheizen. Ober-/Unterhitze: etwa 200 °C, Heißluft: etwa 180 °C.

6. Teigbrötchen mit Wasser bestreichen. Das Backblech in den vorgeheizten Backofen schieben. Die Brötchen **etwa 20 Minuten backen.**

7. Die Brötchen vom Backpapier nehmen, warm oder kalt servieren.

Pro Stück:
E: 6 g, F: 2 g, Kh: 33 g, kJ: 758, kcal: 181, BE: 2,5

Weizenbrot mit Molke

Schnell und einfach

1 längliches Brot
Für den Teig:
400 g Weizenmehl (Type 550)
1 Pck. Dr. Oetker Backin
1–2 gestr. TL Salz
50 g Butter (zimmerwarm)
250 ml Reine Molke

etwas Weizenmehl
zum Bestäuben

Zubereitungszeit: 10 Minuten
Ruhe-/Gehzeit: keine
Backzeit: etwa 35 Minuten

1. Den Backofen vorheizen. Ober-/Unter-hitze: etwa 180 °C, Heißluft: etwa 160 °C.

2. Mehl, Backpulver und Salz in einer Rühr-schüssel mischen. Butter und Molke dazu-geben. Die Zutaten mit einem Mixer (Knet-haken) zu einem glatten Teig verkneten.

3. Den Teig auf der leicht mit Mehl be-stäubten Arbeitsfläche mit den Händen kurz verkneten und zu einer etwa 28 cm langen Rolle formen. Die Rolle auf ein Backblech (gefettet, mit Backpapier belegt) legen und mit Mehl bestäuben. Die Teig-rolle an der Oberfläche mit einem schar-fen Messer 6-mal schräg etwa 1 cm tief einschneiden.

4. Backblech in den vorgeheizten Back-ofen schieben. Das Brot **etwa 35 Minuten backen**.

5. Das Weizenbrot auf einen Kuchenrost legen und erkalten lassen.

Variante: Tomaten-Paprika-Brot.
Den Teig mit 250 ml Tomatensaft anstelle von Molke und 4 Esslöffeln Olivenöl anstatt der Butter zubereiten. Zusätzlich noch ½–1 gestrichenen Teelöffel Paprika-pulver (edelsüß) dazugeben. Das Brot hat dann eine orangefarbene Krume und schmeckt aromatisch nach Tomate und Paprika. Kaufen Sie Paprikapulver immer nur in kleinen Mengen, da es sehr schnell das Aroma verliert.

Tipps: Wie alle Brote, die mit Backpulver gelockert werden, schmeckt dieses Brot am besten ganz frisch. Es eignet sich sehr gut zu süßen und herzhaften Auf-strichen und Belägen. Die Molke sorgt für einen fein-säuerlichen Geschmack.
Möchten Sie das Tomaten-Paprika-Brot gern pikanter, geben Sie etwas Tabasco, Ajvar oder Sambal Oelek in den Teig. Geben Sie zusätzlich einige in Öl eingelegte, getrocknete und klein geschnittene Tomatenstücke in den Teig.

••

Insgesamt:
E: 47 g, F: 47 g, Kh: 318 g, kJ: 7964, kcal: 1901, BE: 26,5

Tipps: Servieren Sie dieses eher feste Weißbrot zu einer rustikalen Aufschnittplatte. Sie können aus diesem Teig Brötchen backen. Dazu teilen Sie den Teig in 12 gleich große Portionen, formen runde Brötchen daraus und schneiden sie nach Belieben ein. Die Backzeit verkürzt sich dann um etwa 5 Minuten.
Sie können den Teig zugedeckt über Nacht im Kühlschrank gehen lassen. Nehmen Sie morgens zuerst die Teigbrötchen aus dem Kühlschrank. Dann heizen Sie den Backofen vor. Anschließend backen Sie die Brötchen wie beschrieben.

Stangenweißbrot

Einfach

2 Stangenbrote
Für den Vorteig:
200 ml warmes Wasser
21 g frische Hefe
120 g Weizenmehl (Type 550)

Für den Teig:
250 g Weizenmehl (Type 550)
1–2 gestr. TL Salz

etwas Weizenmehl
zum Bestäuben

Zubereitungszeit: 30 Minuten
Ruhe-/Gehzeit:
etwa 5 Stunden
Backzeit: etwa 25 Minuten

1. Für den Vorteig Wasser in eine Rührschüssel gießen und die Hefe unter Rühren darin auflösen. Mehl hinzugeben und glatt rühren. Das Ganze mit Frischhaltefolie zudecken und gehen lassen (etwa 2 Stunden, der Vorteig soll deutlich sichtbare Blasen bilden).

2. Für den Teig Mehl mit Salz portionsweise zu dem Vorteig geben und mit dem Mixer (Knethaken) zu einem festen Teig verkneten. Den Teig auf der leicht mit Mehl bestäubten Arbeitsfläche mit den Händen zu einem glatten Teig verkneten (etwa 10 Minuten). Teig zu einer Kugel formen, mit Frischhaltefolie zudecken und so lange an einem warmen Ort gehen lassen, bis er sich sichtbar vergrößert hat (etwa 30 Minuten).

3. Den Teig in 2 gleich große Portionen teilen. Vorsichtig zu 2 langen Teigstangen (je etwa 30 cm Länge) formen. Dabei darauf achten, dass die feinen Luftbläschen im Teig möglichst erhalten bleiben. Teigstangen auf Backpapier legen und mit einem sehr scharfen Messer mehrmals schräg einschneiden. Die Teigstangen mit Mehl bestäuben, mit Frischhaltefolie zudecken und an einem warmen Ort gehen lassen, bis sie sich sichtbar vergrößert haben (2–3 Stunden). Folie entfernen.

4. Den Backofen vorheizen. Ober-/Unterhitze: etwa 240 °C, Heißluft: etwa 220 °C.

5. Ein Backblech in den vorgeheizten Backofen schieben und erhitzen.

6. Das heiße Backblech mithilfe von Topflappen auf einen Kuchenrost stellen. Ein ofenfestes Gefäß mit heißem Wasser füllen und auf einen Metall-Kuchenrost auf den Boden des Backofens stellen.

7. Das Backpapier mit den Teigstangen vorsichtig auf das heiße Backblech ziehen. Das Backblech sofort in den vorgeheizten Backofen schieben. (Vorsicht beim Öffnen der Tür: Der austretende Wasserdampf ist sehr heiß!)

8. Die Backofentemperatur um etwa 20 °C auf Ober-/Unterhitze: etwa 220 °C, Heißluft: etwa 200 °C reduzieren. Die Stangenbrote **etwa 25 Minuten backen.**

9. Die Brote auf einen Kuchenrost legen und erkalten lassen.

Pro Brot:
E: 45 g, F: 5 g, Kh: 281 g, kJ: 5709, kcal: 1362, BE: 23,5

Weizenmischbrot

Schmeckt Groß und Klein

1 Kastenbrot
Für den Hefeteig:
150 g Roggenmehl (Type 1150)
350 g Weizenvollkornmehl
1 Pck. Dr. Oetker Trockenbackhefe
2–3 gestr. TL Salz
300 ml lauwarmes Wasser
1 TL flüssiger Honig
50 ml Speiseöl, z. B. Sonnenblumenöl

etwas Weizenmehl zum Bestäuben

etwas Wasser zum Bestreichen
1 sauberes Geschirrtuch

Zubereitungszeit: etwa 30 Minuten
Ruhe-/Gehzeit: etwa 50 Minuten
Backzeit: 40–50 Minuten

1. Roggenmehl, Weizenvollkornmehl, Hefe und Salz in eine Rührschüssel geben und gut vermischen. Wasser, Honig und Öl hinzufügen. Die Zutaten mit einem Mixer (Knethaken) zunächst auf niedrigster, dann auf höchster Stufe in zu einem glatten, elastischen Teig verkneten (etwa 5 Minuten).

2. Den Teig mit Mehl bestäuben und zugedeckt so lange an einem warmen Ort gehen lassen, bis er sich sichtbar vergrößert hat (etwa 30 Minuten).

3. Den Teig leicht mit Mehl bestäuben, aus der Schüssel nehmen, auf der leicht mit Mehl bestäubten Arbeitsfläche nochmals kurz durchkneten, zu einer Rolle (etwa 28 cm lang) formen und in eine Kastenform (etwa 30 x 11 cm, gefettet) legen.

4. Den Teig mit Wasser bestreichen und mit Mehl bestäuben. Den Teig mit einem Geschirrtuch zudecken, an einem warmen Ort gehen lassen, bis er sich sichtbar vergrößert hat (etwa 20 Minuten).

5. Den Backofen vorheizen. Ober-/Unterhitze: etwa 200 °C, Heißluft: etwa 180 °C.

6. Den Teig mit einem scharfen Messer mehrfach erst längs, dann quer einschneiden (etwa 1 cm tief), sodass kleine Quadrate entstehen.

7. Die Form auf dem Rost im unteren Drittel in den vorgeheizten Backofen schieben. Das Brot **40–50 Minuten backen.**

8. Das Brot aus der Form stürzen, umdrehen und auf einem Kuchenrost erkalten lassen.

Rezeptvariante: Für ein **Weizenmischbrot mit Sesam** 20 g Sesamsamen in Punkt 1 mit unter den Teig geben. Den Teig wie beschrieben gehen lassen. Zusätzlich in Punkt 4 nach dem Bestreichen der Teigoberfläche mit Wasser 20 g geschälte Sesamsamen daraufstreuen. Den Teig dann wie beschrieben gehen lassen und im vorgeheizten Backofen backen.

Insgesamt:
E: 58 g, F: 65 g, Kh: 327 g, kJ: 8962, kcal: 2141, BE: 27,5

Tipps: Dieses Brot hält sich durch den hohen Gemüse-anteil sehr gut frisch. Zucchini schmecken leicht nussig. Probieren Sie als Belag süße Konfitüren. Käsesorten mit Nüssen passen auch prima dazu. Pur mit Butter und etwas Meersalz aus der Mühle ist es ein besonderer Genuss. Mögen Sie den Geschmack von Olivenöl nicht so gern, verwenden Sie zum Bestreichen neutrales Speiseöl, z. B. Sonnenblumenöl.

Zucchinibrot

Feines Gemüse – lecker verpackt

1 rundes Brot
Für den Vorteig:
300 ml lauwarmes Wasser
30 g frische Hefe
1 gestr. TL Zucker
200 g Weizenmehl (Type 550)

Zum Vorbereiten:
500 g kleine Zucchini
2 gestr. EL Salz

Für den Teig:
600 g Weizenmehl (Type 550)

etwas Mehl zum Bestäuben

Zum Bestreichen:
1 EL Olivenöl

Zubereitungszeit: 50 Minuten
Ruhe-/Gehzeit: etwa 2 Stunden
Backzeit: etwa 60 Minuten

1. Für den Vorteig Wasser in eine Rührschüssel geben. Hefe hineinbröckeln, Zucker hinzugeben und unter Rühren darin auflösen. Mehl hinzugeben und unterrühren. Vorteig zugedeckt so lange an einem warmen Ort gehen lassen, bis er sich sichtbar vergrößert hat (etwa 60 Minuten).

2. In der Zwischenzeit Zucchini abspülen, abtrocknen und die Enden abschneiden. Zucchini raspeln und in eine Schüssel geben. Salz daraufstreuen und untermischen. Zucchiniraspel zugedeckt beiseitestellen bis Gemüsewasser ausgetreten ist (etwa 30 Minuten). Anschließend die Zucchiniraspel in ein Sieb geben. Gemüsewasser gut abtropfen lassen. Das restliche Gemüsewasser mit den Händen ausdrücken.

3. Für den Teig die gut ausgedrückten Zucchiniraspel auf den Vorteig geben. Mehl hinzugeben und mit einem Mixer (Knethaken) unterkneten. Anschließend den Teig auf eine leicht mit Mehl bestäubte Arbeitsfläche geben. Den Teig mit den Händen so lange kneten, bis er elastisch ist (etwa 5 Minuten). Anschließend zu einer Kugel formen. Die Teigkugel auf ein Backblech (mit Backpapier belegt) legen und mit Frischhaltefolie zudecken. Die Teigkugel so lange an einem warmen Ort gehen lassen, bis sie sich sichtbar vergrößert hat (etwa 60 Minuten).

4. Den Backofen vorheizen. Ober/Unterhitze: etwa 220 °C, Heißluft: nicht empfehlenswert.

5. Das Zucchinibrot mit Olivenöl bestreichen und mit einem sehr scharfen Messer 3-mal schräg einschneiden.

6. Die Backofentemperatur um 40 °C auf Ober/Unterhitze: etwa 180 °C reduzieren. Das Backblech in den vorgeheizten Backofen schieben. Das Brot **etwa 60 Minuten backen**.

7. Das Zucchinibrot auf einen Kuchenrost legen und erkalten lassen.

Insgesamt:
E: 100 g, F: 21 g, Kh: 598 g, kJ: 12640, kcal: 3018, BE: 49,0

Hüttenbrot

Schmeckt auch im Flachland

1 rundes Brot

Für den Vorteig:

400 ml lauwarmes Wasser

400 g Buttermilch (zimmerwarm)

21 g frische Hefe

1 gestr. TL Zucker

600 g Weizenmehl (Type 550)

Für den Teig:

600 g Weizenmehl (Type 550)

100 g Butter (zimmerwarm)

150 g Hartweizengrieß

2–3 gestr. TL Salz

etwas Weizenmehl zum Bestäuben

Zubereitungszeit: 50 Minuten
Ruhe-/Gehzeit: etwa 2 Stunden und 5 Minuten
Backzeit: etwa 55 Minuten

1. Für den Vorteig Wasser und Buttermilch in eine große Rührschüssel gießen. Hefe hineinbröckeln, Zucker hinzugeben und unter Rühren darin auflösen. Das Mehl hinzufügen. Alle Zutaten mit einem Mixer (Knethaken) zu einem weichen Vorteig verkneten (etwa 1 Minute).

2. Für den Teig das Mehl auf dem Vorteig verteilen. Butter, Grieß und Salz daraufgeben. Die Rührschüssel mit Frischhaltefolie zudecken. Den Teig so lange an einem warmen Ort gehen lassen, bis er sich sichtbar vergrößert hat (etwa 60 Minuten).

3. Den gegangenen Teig mit einem Mixer (Knethaken) zu einem glatten, elastischen Teig verkneten (etwa 5 Minuten). Den Teig auf eine leicht mit Mehl bestäubte Arbeitsfläche geben und mit den Händen weitere 3–5 Minuten verkneten. Den Teig zu einer Kugel formen, in Frischhaltefolie wickeln und ruhen lassen (etwa 5 Minuten).

4. Die Teigkugel in drei gleich große Portionen teilen. Aus 2 Portionen eine große Kugel formen und auf ein Backblech (gefettet, mit Backpapier belegt) legen. Mit einem Holzlöffelstiel ein Loch in die Mitte drücken und etwas auseinanderziehen. Das zweite Teigstück ebenfalls zu einer Kugel formen und auf den großen Teigring legen. Die Oberfläche beider Teigringe mehrfach von innen nach außen mit einem sehr scharfen Messer einschneiden (siehe Foto, etwa ½ cm tief).

5. Den Brotlaib mit Frischhaltefolie zudecken und so lange an einem warmen Ort gehen lassen, bis er sich sichtbar vergrößert hat (etwa 60 Minuten). Frischhaltefolie entfernen.

6. Das Backblech in den kalten Backofen schieben.

7. Den Backofen einschalten. Ober-/Unterhitze: etwa 200 °C, Heißluft: etwa 180 °C. Das Brot **etwa 55 Minuten backen.**

8. Das Hüttenbrot auf einen Kuchenrost legen und erkalten lassen.

Tipps: Dieses Brot ist äußerst dekorativ. Verschenken Sie es, hübsch verpackt, zusammen mit grobem Salz zum Einzug. Es eignet sich bestens als Blickfang auf einem Buffet oder Sie nehmen es mit zu einem geselligen Picknick. Zu einer zünftigen Brotzeit gehören, je nach persönlichem Geschmack, Käse und Wurst, Rettich, Radieschen und Gewürzgurken. Auch selbst hergestellte Brotaufstriche wie Obatzter schmecken lecker dazu. Für die Süßschnäbel können Sie fruchtige Konfitüren bereitstellen. Sollten wirklich einmal Reste von dem Brot übrig bleiben, lassen sie sich gut einfrieren.

••

Insgesamt:
E: 162 g, F: 100 g, Kh: 996 g, kJ: 23484, kcal: 5605, BE: 83,0

Tipps: Bestreichen Sie dieses nussig-würzige Brot mit Butter und Pflaumenmus. Auch mit Apfel- oder Birnenkraut bestrichen ist es köstlich. Wenn es ausnahmsweise mal gehaltvoller sein darf, dann ist Nuss-Nougat-Creme, dünn auf das Brot gestrichen, eine besondere Delikatesse.
••

Dinkel-Nuss-Brot

Für die Party

1 ovales Brot
Für den Teig:
500 g Dinkelmehl (Type 630)
1 Pck. Dr. Oetker Trockenbackhefe
30 g brauner Zucker
1 gestr. TL Salz
1 Prise Kardamom
1 Prise gem. Zimt
2 Eier (Größe M)
200 ml lauwarme Milch
75 g zerlassene, abgekühlte
Butter
150 g Haselnusskerne

etwas Dinkelmehl
zum Bestäuben
etwas Wasser
zum Bestreichen
Zum Bestreuen:
50 g gehackte Haselnusskerne

Zubereitungszeit: 30 Minuten
Ruhe-/Gehzeit: etwa 60 Minuten
Backzeit: etwa 45 Minuten

1. Für den Teig Dinkelmehl mit Trocken-backhefe in einer Rührschüssel vermischen. Zucker, Salz, Kardamom, Zimt, Eier, Milch und Butter hinzufügen. Die Zutaten mit einem Mixer (Knethaken) zunächst kurz auf niedrigster, dann auf höchster Stufe in etwa 5 Minuten zu einem glatten Teig verarbeiten. Die Haselnusskerne unterkneten.

2. Den Teig zugedeckt so lange an einem warmen Ort gehen lassen, bis er sich sichtbar vergrößert hat (etwa 30 Minuten).

3. Den gegangenen Teig leicht mit Mehl bestäuben, aus der Schüssel nehmen, auf der leicht bemehlten Arbeitsfläche nochmals kurz durchkneten und zu einem länglichen Brotlaib (etwa 30 cm) formen.

4. Den Brotlaib auf ein Backblech (mit Backpapier belegt) legen und zugedeckt nochmals so lange an einem warmen Ort gehen lassen, bis er sich sichtbar vergrößert hat (etwa 30 Minuten).

5. Inzwischen den Backofen vorheizen. Ober-/Unterhitze: etwa 180 °C, Heißluft: etwa 160 °C.

6. Die Teigoberfläche mit einem Sägemesser mehrmals schräg einschneiden (etwa 1 cm tief, nicht drücken). Den Brotlaib mit Wasser bestreichen und mit Haselnusskernen bestreuen. Das Backblech in den vorgeheizten Backofen schieben. Das Brot **etwa 45 Minuten backen**.

7. Das Brot mit dem Backpapier vom Backblech auf einen Kuchenrost ziehen und erkalten lassen.

Insgesamt:
E: 121 g, F: 213 g, Kh: 413 g, kJ: 16826, kcal: 4024, BE: 34,5

Maisbrot

Bringt Farbe in den Brotkorb

1 ovales Brot
Für den Teig:
500 ml lauwarmes Wasser
15 g frische Hefe
150 g Weizenmehl (Type 550)
350 g Polentagrieß (fein)
200 g Maismehl
1–2 gestr. TL Salz

etwas Mehl zum Bestäuben

Zubereitungszeit: 20 Minuten
Ruhe-/Gehzeit: etwa 4 Stunden
Backzeit: etwa 50 Minuten

1. Für den Teig Wasser in eine Rührschüssel gießen. Hefe darin unter Rühren auflösen. Mehl hinzugeben und mit einem Mixer (Knethaken) zu einem weichen Teig verkneten. Restliche Zutaten locker daraufstreuen (nicht unterkneten), mit Frischhaltefolie zudecken und so lange an einem warmen Ort gehen lassen, bis sich deutliche Risse im aufgeschütteten Mehl zeigen (etwa 60 Minuten).

2. Die Frischhaltefolie beiseitelegen, sie wird noch mehrfach benötigt. Die Zutaten mit dem Mixer (Knethaken) zu einem glatten Teig verkneten. Den Teig wieder mit der Frischhaltefolie zudecken und so lange an einem warmen Ort gehen lassen, bis er sich sichtbar vergrößert hat (etwa 60 Minuten).

3. Den Teig auf eine leicht mit Mehl bestäubte Arbeitsfläche geben, mit den Händen verkneten und zu einer Kugel formen. Anschließend auf ein Backblech (gefettet, mit Backpapier belegt) legen und mehrfach mit einem sehr scharfen Messer einschneiden. Die Teigkugel wieder mit der Frischhaltefolie zudecken und an einem warmen Ort gehen lassen, bis sie sich sichtbar vergrößert hat (etwa 2 Stunden).

4. Den Backofen vorheizen. Ober-/Unterhitze: etwa 220 °C, Heißluft: etwa 200 °C.

5. Die Frischhaltefolie entfernen. Die Teigkugel leicht mit Mehl bestäuben und das Backblech in den Backofen schieben. Das Brot **etwa 50 Minuten backen**.

6. Das Maisbrot auf einen Kuchenrost legen und erkalten lassen.

Tipps: Dazu passt cremiger Frischkäse, in Olivenöl eingelegtes Gemüse und luftgetrocknete Wurst. Bereiten Sie eine Creme aus Avocadofruchtfleisch und etwas Zitronensaft zu. Würzen Sie die Creme sparsam mit Salz und bestreichen Sie die Brotscheiben damit. Garnieren Sie sie mit frisch gemahlenem Pfeffer.

••

Insgesamt:
E: 70 g, F: 13 g, Kh: 520 g, kJ: 10524, kcal: 2495, BE: 43,5

Kümmel-Bierstangen

Schmecken auch zum Wein

8 Stangen

Für den Hefeteig:
375 g Weizenmehl (Type 550)
1 Pck. Dr. Oetker Trockenbackhefe
1 TL Salz
250 ml Bier, z. B. Pils
1 TL flüssiger Honig
4 EL Speiseöl, z. B. Sonnenblumenöl
1 TL Kümmelsamen

etwas Weizenmehl zum Bestäuben

Zum Bestreichen und Bestreuen:
2 EL Bier
1–2 EL Kümmelsamen

Zubereitungszeit: 40 Minuten
Ruhe-/Gehzeit: etwa 45 Minuten
Backzeit: etwa 20 Minuten je Backblech

1. Für den Teig Mehl mit Hefe in einer Rührschüssel vermischen. Restliche Teigzutaten hinzufügen, mit einem Mixer (Knethaken) zunächst auf niedrigster, dann auf höchster Stufe zu einem glatten Teig verkneten (etwa 5 Minuten). Den Teig mit Mehl bestäuben und zugedeckt an einem warmen Ort so lange gehen lassen, bis er sich sichtbar vergrößert hat (etwa 30 Minuten).

2. Den Teig leicht mit Mehl bestäuben, aus der Schüssel nehmen, auf der leicht mit Mehl bestäubten Arbeitsfläche nochmals kurz durchkneten und zu einer Rolle formen. Die Rolle mit einer Teigkarte in 8 gleich große Scheiben teilen. Jede Scheibe zu einer Stange (je etwa 15 cm Länge) formen. Die Stangen auf Backbleche (mit Backpapier belegt) legen.

3. Die Stangen zugedeckt so lange an einem warmen Ort gehen lassen, bis sie sich sichtbar vergrößert haben (etwa 15 Minuten).

4. Inzwischen den Backofen vorheizen. Ober-/Unterhitze: etwa 200 °C, Heißluft: etwa 180 °C.

5. Die Stangen mit einem Messer jeweils 3-mal schräg einritzen (knapp ½ cm tief), mit Bier bestreichen und mit Kümmel bestreuen. Die Backbleche nacheinander (bei Heißluft zusammen) in den vorgeheizten Backofen schieben. Die Stangen **etwa 20 Minuten je Backblech backen.**

6. Die Stangen vom Backpapier nehmen und auf einem Kuchenrost erkalten lassen.

Tipps: Anstelle von Kümmelsamen 100 g geriebenen Emmentaler auf die Stangen streuen. Die Stangen dann nicht mit Bier, sondern mit etwas Wasser bestreichen. Dieses Gebäck ist ein wunderbarer Begleiter für gesellige Abende. Einfach eine abwechslungsreiche Käse- oder Aufschnittplatte dazu anbieten. Auch Kochkäse ist lecker dazu. Eingelegte Mini-Gurken oder sauer eingelegtes Gemüse runden das Angebot ab.

••

Pro Stück:
E: 6 g, F: 6 g, Kh: 38 g, kJ: 999, kcal: 238, BE: 3,0

Tipps: Sie können aus diesem Teig auch im Backofen Fladenbrot backen. Dazu den Teig auf einem Backblech (gefettet)
etwa 1 cm dick zu einem großen Fladen ausrollen. Den Teig
zugedeckt nochmals etwa 15 Minuten gehen lassen. Nach
Belieben mit Wasser bestreichen und mit Sesam-, Kümmel-
oder Mohnsamen bestreuen. Dann das Brot im vorgeheizten
Backofen etwa 12 Minuten backen (Ober-/Unterhitze: etwa
250 °C, Heißluft: etwa 220 °C).

••

Stockbrot

Beliebt bei Jung und Alt

8–10 Stück
Für den Teig:
400 g Weizenmehl
100 g feine Haferflocken
1 Pck. Dr. Oetker Trockenbackhefe
1 TL Zucker
1–2 TL Salz
1 TL getr. Kräuter der Provence
250 ml lauwarmes Wasser
2 EL Sonnenblumenöl

8–10 Stöcke
(etwa 80 cm lang)
Alufolie
Zubereitungszeit: 20 Minuten
Ruhe-/Gehzeit: etwa 30 Minuten
Backzeit: 10–12 Minuten

1. Mehl mit Haferflocken, Hefe, Zucker, Salz und Kräutern in einer Rührschüssel mischen. Wasser und Öl unter Rühren mit einem Mixer (Knethaken) auf niedrigster Stufe dazugießen. Alles auf höchster Stufe durchkneten, sodass ein glatter, geschmeidiger Teig entsteht (etwa 4 Minuten).

2. Den Teig zugedeckt an einem warmen Ort gehen lassen, bis er sich verdoppelt hat (etwa 30 Minuten). Die Stöcke an einem Ende fest mit Alufolie umwickeln.

3. Den Teig nochmals kräftig durchkneten und in 8–10 gleich große Portionen teilen. Die Portionen mit den Händen zu länglichen, dünnen Rollen formen. Die Rollen jeweils an der mit Folie umwickelten Spitze nicht zu fest um den Stock wickeln und die Enden festdrücken.

4. Den Teig nicht zu dicht an und auf keinen Fall direkt in die heiße Glut oder ins Feuer (Lagerfeuer oder Grill) halten. Stockbrote **10–12 Minuten backen**.

Pro Stück:
E: 6 g, F: 3 g, Kh: 39 g, kJ: 895, kcal: 214, BE: 3,0

Knoblauchfladen mit Rosmarin

Sommerlicher Genuss

1 Fladen
Für den Teig:
350 ml lauwarmes Wasser
42 g frische Hefe
1 Prise Zucker
600 g Weizenmehl (Type 550)
1 gestr. TL Salz
50 ml Olivenöl
½ Knoblauchzehe
1 Zweig Rosmarin
50 ml Olivenöl
1 TL grobes Salz

etwas Weizenmehl
zum Bestäuben

Zubereitungszeit: 20 Minuten
Ruhe-/Gehzeit:
etwa 1 Stunde und 25 Minuten
Backzeit: etwa 35 Minuten

1. Für den Teig das Wasser in eine Rührschüssel gießen. Hefe und Zucker hinzugeben und unter Rühren darin auflösen. Die Rührschüssel zugedeckt an einen warmen Ort stellen (etwa 5 Minuten).

2. Mehl, Salz und Olivenöl hinzugeben und die Zutaten mit einem Mixer (Knethaken) zu einem glatten Teig verkneten (etwa 5 Minuten). Den Hefeteig mit Mehl bestäuben und in der Rührschüssel zugedeckt so lange an einem warmen Ort gehen lassen, bis er sich sichtbar vergrößert hat (etwa 60 Minuten).

3. Den Teig vorsichtig aus der Rührschüssel nehmen, auf ein Backblech (bemehlt) legen und zu einem Fladen flach drücken. Dabei darauf achten, dass die feinen Luftbläschen im Teig möglichst erhalten bleiben. Den Teigfladen zudecken und an einem warmen Ort so lange gehen lassen, bis er sich sichtbar vergrößert hat (etwa 20 Minuten).

4. Knoblauchzehe abziehen und grob hacken. Rosmarin abspülen und trocken tupfen. Die Nadeln vom Zweig zupfen. Olivenöl mit Knoblauch und Rosmarinnadeln vermischen.

5. Den Backofen vorheizen. Ober-/Unterhitze: etwa 200 °C, Heißluft: etwa 180 °C.

6. Den aufgegangenen Teigfladen mit einem Holzlöffelstiel mehrere Male einstechen. Die Olivenölmischung auf dem Teigfladen verteilen und mit Salz bestreuen. Das Backblech in den vorgeheizten Backofen schieben. Den Fladen **etwa 35 Minuten backen**.

7. Knoblauchfladen auf einen Kuchenrost legen und erkalten lassen.

Tipps: Der Fladen kann vor dem Backen noch mit Tomatenscheiben belegt oder mit Tomatensauce bestrichen werden. Er schmeckt warm besonders gut. Ist Ihnen Knoblauch zu intensiv, verwenden Sie Schnittknoblauch oder Schnittlauch. Geben Sie diese zarten Kräuter (abgespült, trocken getupft und fein geschnitten) unter Punkt 2 direkt mit in den Teig, damit sie nicht im Backofen verbrennen.

••

Insgesamt:
E: 68 g, F: 107 g, Kh: 440 g, kJ: 12597, kcal: 3007, BE: 36,5

Tipps: Möchten Sie die Sesamringe etwas herzhafter, geben Sie Olivenöl in den Teig. Bestreuen Sie sie zusätzlich mit einigen Schwarzkümmelsamen. Dazu schmeckt Frischkäse aus Schafs- oder Ziegenmilch oder Zaziki.

● ●

Sesamringe

Prima fürs Picknick

4 Ringe

Für den Teig:

375 g Weizenmehl (Type 550)

1 Pck. Dr. Oetker Trockenbackhefe

1 TL Salz

250 ml lauwarmes Wasser

1 TL flüssiger Honig

4 EL Speiseöl, z. B. Sonnenblumenöl

etwas Weizenmehl zum Bestäuben

Zum Bestreichen und Bestreuen:

2 EL Wasser

30 g geschälte Sesamsamen

Zubereitungszeit: 40 Minuten
Ruhe-/Gehzeit: etwa 45 Minuten
Backzeit: etwa 20 Minuten je Backblech

1. Für den Teig Mehl mit Hefe in einer Rührschüssel vermischen. Restliche Teigzutaten hinzufügen, mit einem Mixer (Knethaken) zunächst auf niedrigster, dann auf höchster Stufe zu einem glatten Teig verkneten (etwa 5 Minuten). Den Teig mit Mehl bestäuben und zugedeckt so lange an einem warmen Ort gehen lassen, bis er sich sichtbar vergrößert hat (etwa 30 Minuten).

2. Den Teig leicht mit Mehl bestäuben, aus der Schüssel nehmen, auf der leicht mit Mehl bestäubten Arbeitsfläche nochmals kurz durchkneten, vierteln und aus jedem Viertel eine Kugel formen.

3. In jede Kugel mit dem Handballen ein Loch drücken. Jeden Teigring von der Mitte aus mit den Händen auseinanderziehen. Durch Drehen des Teiges gleichmäßige Ringe formen (Ø innen etwa 9 cm).

4. Jeweils 2 Ringe auf ein Backblech (mit Backpapier belegt) legen. Die Ringe zugedeckt so lange an einem warmen Ort gehen lassen, bis sie sich sichtbar vergrößert haben (etwa 15 Minuten).

5. Inzwischen den Backofen vorheizen. Ober-/Unterhitze: etwa 200 °C, Heißluft: etwa 180 °C.

6. Die Ringe nacheinander mit Wasser bestreichen und mit Sesam bestreuen. Die Backbleche nacheinander (bei Heißluft zusammen) in den vorgeheizten Backofen schieben. Die Ringe **etwa 20 Minuten je Backblech backen**.

7. Die Sesamringe vom Backpapier nehmen und auf einem Kuchenrost erkalten lassen.

Pro Stück:
E: 12 g, F: 15 g, Kh: 72 g, kJ: 1983, kcal: 473, BE: 6,0

Aus vollem Schrot und Korn

Herzhafter Genuss, saftig und gesund

Entdecken Sie die große geschmackliche Vielfalt unterschiedlichster Getreide-
sorten. Dinkel, Gerste, Roggen, Weizen … Abwechslung ist Trumpf! Zum
Frühstück gibt's die Dinkel-Kräuter-Brötchen. Mittags machen Brotstangen
mit Amaranth die Suppe zur sättigenden Mahlzeit. Geht der Tag seinem Ende
entgegen, sorgt Kräftiges wie saftiges Dreikornbrot oder Gewürz-Körnerbrot
dafür, dass sich alle auf das gemeinsame Abendessen freuen!

Tipps: Zu diesem Brot schmeckt in dünne Scheiben geschnittener Knochenschinken oder ein eher kräftiger Schnittkäse, wie z. B. Maasdamer, Emmentaler oder auch Camembert-Käse.

Pannach Jutta

Dunkles Vollkornbrot

Schnell zubereitet

1 rundes Brot
Für den Teig:
150 g Roggenvollkornschrot
300 g Dinkelvollkornmehl
1 Pck. Dr. Oetker Backin
1–2 gestr. TL Salz
½ gestr. TL gem. Kümmel
½ gestr. TL gem. Koriander
300 ml Wasser
1 EL Ahornsirup (Grad A)
2 EL Rapsöl
1 EL Obstessig

etwas Weizenmehl
zum Bestäuben

Zubereitungszeit: 15 Minuten
Ruhe-/Gehzeit: etwa 15 Minuten
Backzeit: etwa 45 Minuten

1. Für den Teig Vollkornschrot, Mehl, Backpulver, Salz und Gewürze in einer Rührschüssel mischen.

2. Die restlichen Zutaten hinzufügen und mit einem Mixer (Knethaken) zu einem glatten Teig verkneten. Den Teig zugedeckt ruhen lassen (etwa 15 Minuten).

3. Den Backofen vorheizen. Ober-/Unterhitze: etwa 180 °C, Heißluft: etwa 160 °C.

4. Den Teig auf der leicht mit Mehl bestäubten Arbeitsfläche zu einer Kugel formen, mit Mehl bestäuben und auf ein Backblech (gefettet, mit Backpapier belegt) legen. Mit einer runden Ausstechform (Ø etwa 10 cm) einen etwa 1 cm tiefen Ring in den Teig drücken.

5. Das Backblech in den vorgeheizten Backofen schieben. Das Brot **etwa 45 Minuten backen.**

6. Das dunkle Vollkornbrot auf einen Kuchenrost legen und erkalten lassen.

Insgesamt:
E: 57 g, F: 34 g, Kh: 310 g, kJ: 7525, kcal: 1799, BE: 26,0

Fladenbrot mit Gerste

Für Gäste – gut vorzubereiten

2 Fladen
Zum Vorbereiten:
200 g Gersten-
Vollkornflocken
250 ml kochendes Wasser

Für den Hefeteig:
200 g Dinkel-Vollkornmehl
2 gestr. TL Salz
1 Pck. Dr. Oetker
Trockenbackhefe
120 g Dickmilch (3,5 % Fett)
50 g Butter (zimmerwarm)

etwas Dinkel-Vollkornmehl
zum Bestäuben
Zubereitungszeit:
40 Minuten, ohne Abkühlzeit
Ruhe-/Gehzeit:
etwa 1 Stunde und 20 Minuten
Backzeit: etwa 25 Minuten
je Backblech

1. Zum Vorbereiten Gerstenflocken in 2 Portionen im Zerkleinerer so lange hacken, bis ein feines Mehl entstanden ist. Gerstenmehl in eine Schüssel geben. Kochendes Wasser hinzugießen und mit einem Mixer (Knethaken) etwa 2 Minuten gut durcharbeiten. Den Gerstenkloß lauwarm abkühlen lassen.

2. Für den Teig Vollkornmehl mit Salz und Trockenbackhefe in einer Rührschüssel vermischen. Den lauwarmen Gerstenkloß in kleine Stücke teilen und untermengen. Dickmilch und Butter hinzufügen. Die Zutaten mit einem Mixer (Knethaken) zunächst kurz auf niedrigster, dann auf höchster Stufe zu einem glatten Teig verkneten (etwa 5 Minuten).

3. Den Teig mit Mehl bestäuben und zugedeckt so lange an einem warmen Ort gehen lassen, bis er sich sichtbar vergrößert hat (etwa 50 Minuten).

4. Den Teig leicht mit Mehl bestäuben, aus der Schüssel nehmen und auf der bemehlten Arbeitsfläche nochmals kurz durchkneten. Den Teig halbieren. Die Teighälften jeweils zu einem ovalen Fladen (etwa 15 x 20 cm) formen und jeweils auf ein Backblech (mit Backpapier belegt) legen.

5. Die Teigfladen mit Mehl bestäuben und nochmals zugedeckt so lange an einem warmen Ort gehen lassen, bis sie sich sichtbar vergrößert haben (etwa 30 Minuten).

6. Nach etwa 15 Minuten Teiggehzeit den Backofen vorheizen. Ober-/Unterhitze: etwa 220 °C, Heißluft: etwa 200 °C.

7. Das Backblech in den vorgeheizten Backofen schieben. Die Fladen nacheinander (bei Heißluft zusammen) **etwa 25 Minuten je Backblech backen.**

8. Die Fladenbrote vom Backpapier nehmen und auf einem Kuchenrost erkalten lassen.

Tipps: Anstelle von Gerstenflocken können Sie auch gemischte Flocken, z. B. 4- oder 5-Korn-Flocken verwenden. Fladenbrot mit Gerste ist eine gute Beilage zu Salaten oder Eintöpfen.

••

Pro Brot:
E: 30 g, F: 28 g, Kh: 144 g, kJ: 4000, kcal: 956, BE: 12,0

Dinkel-Roggen-Brot mit Kürbiskernen

Kernig und köstlich

1 Brotstange
Für den Teig:
250 g Dinkelvollkornmehl
100 g Roggenvollkornmehl
2 gestr. TL Dr. Oetker Backin
1 gestr. TL Natron
1 gestr. TL Salz
50 g geschälte Kürbiskerne
175 g Buttermilch
3 EL Rapsöl

etwas Weizenmehl
zum Bestäuben

etwas Wasser zum Bestreichen

Zubereitungszeit: 15 Minuten
Ruhe-/Gehzeit: keine
Backzeit: etwa 30 Minuten

1. Den Backofen vorheizen. Ober-/Unterhitze: etwa 180 °C, Heißluft: etwa 160 °C.

2. Beide Mehlsorten, Backpulver, Natron und Salz in einer Rührschüssel mischen. Kürbiskerne hacken und dazugeben. Buttermilch und Rapsöl hinzufügen. Die Zutaten mit einem Mixer (Knethaken) zu einem glatten Teig verkneten.

3. Den Teig auf der leicht mit Mehl bestäubten Arbeitsfläche kurz mit den Händen verkneten und zu einer etwa 30 cm langen Rolle formen. Die Teigrolle in sich drehen, sodass sie etwas unregelmäßig wird. Die Teigrolle auf ein Backblech (gefettet, mit Backpapier belegt) legen, mit Wasser bestreichen und mit etwas Mehl bestäuben.

4. Das Backblech in den vorgeheizten Backofen schieben. Das Brot **etwa 30 Minuten backen.**

5. Dinkel-Roggen-Brot auf einen Kuchenrost legen und erkalten lassen.

Tipps: Zu diesem rustikalen Brot harmoniert sehr gut kräftig gewürzte Landleberwurst. Zu pikantem Käse passt es ebenfalls ausgezeichnet. Möchten Sie lieber einen süßen Belag, probieren Sie Kürbis- oder Preiselbeerkonfitüre. Wenn Sie die Kürbiskerne vor dem Verarbeiten in einer kleinen Pfanne ohne Fett anrösten, schmecken Sie noch intensiver.

••

Insgesamt:
E: 68 g, F: 65 g, Kh: 242 g, kJ: 7706, kcal: 1841, BE: 20,0

Dinkel-Kräuter-Brötchen

Für die spontane Party

12 Brötchen
Für den Teig:
200 g Dinkelmehl (Type 630)
200 g Dinkelvollkornmehl
1 Pck. Dr. Oetker Backin
1–2 gestr. TL Salz
200 g Kräuterquark (40 % Fett)
200 g Buttermilch
50 g TK-8-Kräuter (Petersilie, Dill, Kresse, Schnittlauch, Sauerampfer, Borretsch, Pimpernelle und Kerbel)

etwas Weizenmehl zum Bestäuben

Zum Bestreichen:
2–3 EL Milch
Zubereitungszeit: 10 Minuten
Ruhe-/Gehzeit: keine
Backzeit: etwa 30 Minuten

1. Den Backofen vorheizen. Ober-/Unterhitze: etwa 180 °C, Heißluft: etwa 160 °C.

2. Beide Mehlsorten in eine Rührschüssel geben, mit Backpulver und Salz mischen. Kräuterquark, Buttermilch und gefrorene Kräuter hinzugeben. Die Zutaten mit einem Mixer (Knethaken) zu einem glatten Teig verkneten.

3. Den Teig auf der leicht mit Mehl bestäubten Arbeitsfläche mit den Händen kurz verkneten, zu einer Rolle formen und in 12 gleich große Stücke teilen. Aus jedem Teigstück ein ovales oder rundes Brötchen formen.

4. Die Brötchen auf ein Backblech (gefettet, mit Backpapier belegt) legen und mit Milch bestreichen. Anschließend leicht mit Mehl bestäuben. Die Oberfläche der Brötchen mit einem sehr scharfen Messer einschneiden (etwa 1 cm tief).

5. Das Backblech in den vorgeheizten Backofen schieben. Die Brötchen **etwa 30 Minuten backen.**

6. Brötchen auf einen Kuchenrost legen und erkalten lassen.

Tipps: Zu diesen Brötchen schmecken am besten herzhafte Beläge. Auch zu Kräuterrührei schmecken sie lecker. Wenn Sie die 8-Kräuter-Mischung nicht bekommen, können Sie auch TK-Petersilie und -Schnittlauch mischen oder frische, gehackte Kräuter nehmen.

••

Pro Stück:
E: 6 g, F: 2 g, Kh: 25 g, kJ: 607, kcal: 145, BE: 2,0

Würziges Sprossenbrot

Herzhaft und frisch

1 Kastenbrot

Zum Vorbereiten:

100 g gemischte Sprossen
(z. B. Sonnenblumen-,
Mini-Mungobohnen- und
Radieschensprossen)

Für den Teig:

300 g Dinkelvollkornmehl

100 g Roggenvollkornmehl

1 Pck. Dr. Oetker Backin

1–2 gestr. TL Salz

½ TL gem. Fenchel

3 EL Olivenöl

350 ml Reine Molke

etwas Weizenmehl
zum Bestäuben

Zubereitungszeit: 15 Minuten
Ruhe-/Gehzeit: etwa 5 Minuten
Backzeit: etwa 45 Minuten

1. Zum Vorbereiten die Sprossen in ein hitzebeständiges Sieb geben, mit kochendem Wasser übergießen und abtropfen lassen.

2. Den Backofen vorheizen. Ober-/Unterhitze: etwa 180 °C, Heißluft: etwa 160 °C.

3. Beide Mehlsorten, Backpulver, Salz und Fenchel in einer Rührschüssel mischen. Sprossen und restliche Zutaten hinzugeben. Die Zutaten mit einem Mixer (Knethaken) zu einem weichen Teig verkneten. Den Teig mit Mehl bestäuben und ruhen lassen (etwa 5 Minuten).

4. Den Teig in eine Kastenform (etwa 25 x 11 cm, mit Backpapier ausgelegt) geben und glatt streichen.

5. Die Form auf einem Rost in den vorgeheizten Backofen schieben. Das Brot **etwa 45 Minuten backen.**

Tipps: Zu diesem Brot schmecken unterschiedliche Frischkäseaufstriche, z. B. mit Meerrettich oder Schnittlauch sehr gut. Belegen Sie die bestrichenen Brote zusätzlich mit Radieschen- oder Rettichscheiben oder bestreuen Sie sie mit Schnittlauchröllchen. Möchten Sie das Brot noch pikanter, geben Sie zusätzlich unter Punkt 3 einen gestrichenen Teelöffel geriebenen Meerrettich (aus der Tube oder dem Glas) in den Teig.

••

Insgesamt:
E: 55 g, F: 44 g, Kh: 284 g, kJ: 7415, kcal: 1772, BE: 23,0

Tipps: Wer die Zeit für den selbst angesetzten Sauerteig sparen möchte, kann 300 g Sauerteig aus dem Frischebeutel mit 900 ml warmem Wasser und 10 g frischer Hefe vermischen. Mit den angegebenen Zutaten ab Punkt 3 wie beschrieben zu einem Teig verkneten. Zu diesem herzhaften Brot schmeckt rustikaler Knochenschinken oder kräftiger Bergkäse. Mit leicht gesalzener Bauernbutter bestrichen und einigen Schnittlauchröllchen oder Radieschenscheiben belegt, ist dieses Brot ein wahre Köstlichkeit.

Deftiges Roggenbrot mit Sauerteig

Dauert länger

1 rundes Brot

Gelingt am besten mit der Küchenmaschine

Vorbereitungszeit erforderlich: 4 Tage

Für den Sauerteigansatz:

1. Stufe

200 ml lauwarmes Wasser

15 g frische Hefe

125 g Roggenmehl (Type 1150)

1 kleine Zwiebel

2. Stufe:

200 ml lauwarmes Wasser

125 g Roggenmehl (Type 1150)

Für den Teig:

1000 g Roggenmehl (Type 1150)

1 gestr. EL Salz (20 g)

500 ml lauwarmes Wasser

10 g frische Hefe

Zum Bestreuen der Arbeitsfläche:

200 g Roggenmehl (Type 1150)

Zum Bestäuben:

etwas Roggenmehl (Type 1150)

1 sauberes, feuchtes Geschirrtuch

Zubereitungszeit: 55 Minuten
Ansatz/Ruhe- und Gehzeit:
4 Tage und 3 Stunden
Backzeit: 60–70 Minuten

1. Für den Sauerteigansatz (1. Stufe) das Wasser in eine Rührschüssel geben. Die Hefe hinzufügen und unter Rühren darin auflösen. Anschließend das Mehl hinzugeben. Die Zutaten mit einem Rührlöffel zu einem glatten Teigansatz verrühren. Die Zwiebel abziehen, halbieren und in den Hefeansatz geben. (Sie geben einen besonders guten Geschmack). Die Rührschüssel mit Frischhaltefolie zudecken und den Teigansatz 24 Stunden bei Zimmertemperatur stehen lassen (während dieser Zeit nicht verrühren).

2. Für die 2. Stufe die Zwiebelhälften aus dem Teigansatz entfernen. Wasser und Mehl unterrühren. Die Rührschüssel wieder mit Frischhaltefolie zudecken und den Teigansatz weitere 3 Tage bei Zimmertemperatur stehen lassen (während dieser Zeit nicht verrühren).

3. Für den Teig Mehl und Salz in die Rührschüssel einer Küchenmaschine geben. Eine Mulde hineindrücken und den Sauerteigansatz hineingießen. Wasser in eine kleine Schüssel geben, die Hefe darin unter Rühren auflösen und ebenfalls in die Rührschüssel geben. Die Zutaten mit der Küchenmaschine (Knethaken) auf höchster Stufe zu einem glatten Teig verkneten (etwa 5 Minuten).

4. Das Mehl auf die Arbeitsfläche streuen und den Teig daraufgeben. Das Mehl nach und nach mit den Händen unter den Teig kneten, bis der Teig elastisch ist (etwa 10 Minuten).

5. Den Teig zu einer Kugel formen und auf ein Backblech (bemehlt) legen. Mit einem sehr scharfen Messer ein Kreuz (etwa ½ cm tief) in die Teigkugel schneiden. Teigkugel mit einem feuchten Geschirrtuch zudecken und so lange an einem warmen Ort gehen lassen, bis sie sich sichtbar vergrößert hat (etwa 3 Stunden).

6. Den Backofen vorheizen. Ober/Unterhitze: etwa 200 °C, Heißluft: nicht empfehlenswert.

7. Die Teigkugel mit etwas Mehl bestäuben. Das Backblech in den vorgeheizten Backofen schieben. Das Brot **60–70 Minuten backen.** Sollte das Brot zu dunkel werden, decken Sie es nach etwa 50 Minuten Backzeit mit Backpapier zu.

8. Roggenbrot auf einen Kuchenrost legen und erkalten lassen.

Insgesamt:
E: 135 g, F: 19 g, Kh: 990 g, kJ: 19841, kcal: 4737, BE: 82,5

Tipps: Amaranth hat sehr kleine feste Samenkörner, deren Geschmack nussig-erdig ist. In Reformhäusern und Bio-Läden wird Amaranth meistens als ganzes Korn oder gepufft angeboten.

Brotstangen mit Amaranth

Raffiniert

4 Brotstangen

Zum Vorbereiten:
300 ml Wasser
100 g Amaranth (erhältlich im Reformhaus)

Für den Hefeteig:
150 g Weizenmehl (Type 550)
150 g Dinkel-Vollkornmehl
2 gestr. TL Salz
1 Pck. Dr. Oetker Trockenbackhefe
50 ml Wasser
2 EL Speiseöl, z. B. Sonnenblumenöl

etwas Weizenmehl zum Bestäuben

Zum Bestreichen:
etwas Wasser

Zubereitungszeit: 30 Minuten, ohne Quell- und Abkühlzeit
Ruhe-/Gehzeit: etwa 1 Stunde und 20 Minuten
Backzeit: 30–40 Minuten

1. Zum Vorbereiten Wasser in einem Topf zum Kochen bringen. Amaranth hinzufügen und aufkochen lassen, zugedeckt bei schwacher Hitze etwa 30 Minuten garen. Amaranth gegen Ende der Garzeit immer wieder umrühren, da er leicht am Topfboden haftet. Es ist nicht notwendig, weiteres Wasser hinzuzufügen.

2. Amaranth auf der ausgeschalteten Kochstelle zugedeckt weitere etwa 10 Minuten quellen lassen. Anschließend Amaranth lauwarm abkühlen lassen.

3. Für den Teig beide Mehlsorten mit Salz und Trockenbackhefe in einer Rührschüssel vermischen. Wasser, Speiseöl und lauwarme Amaranth-Masse hinzufügen. Die Zutaten mit einem Mixer (Knethaken) zunächst kurz auf niedrigster, dann auf höchster Stufe zu einem glatten Teig verkneten (etwa 5 Minuten).

4. Den Teig mit Mehl bestäuben und zugedeckt so lange an einem warmen Ort gehen lassen, bis er sich sichtbar vergrößert hat (etwa 60 Minuten).

5. Den gegangenen Teig leicht mit Mehl bestäuben, aus der Schüssel nehmen und auf der leicht mit Mehl bestäubten Arbeitsfläche nochmals kurz durchkneten. Den

Teig in 4 gleich große Portionen teilen. Jede Teigportion so zu einer Rolle (je etwa 28 cm Länge) formen, dass die Enden dünner sind. Die Teigrollen auf ein Backblech (mit Backpapier belegt) legen, dünn mit Wasser bestreichen und mit Mehl bestäuben.

6. Die Teigrollen zugedeckt so lange an einem warmen Ort gehen lassen, bis sie sich sichtbar vergrößert haben (etwa 20 Minuten).

7. Den Backofen vorheizen. Ober-/Unterhitze: etwa 250 °C, Heißluft: etwa 230 °C.

8. Die Teigrollen mit einem Sägemesser in der Mitte etwa ½ cm tief einschneiden (nicht drücken). Das Backblech in den vorgeheizten Backofen schieben. Die Stangen **etwa 10 Minuten backen**.

9. Dann die Backofentemperatur um etwa 50 °C auf Ober-/Unterhitze: etwa 200 °C, Heißluft: etwa 180 °C herunterschalten. Die Brotstangen weitere **20–30 Minuten backen**.

10. Die Brotstangen vom Backpapier nehmen und auf einem Kuchenrost erkalten lassen.

Pro Stange:
E: 14 g, F: 8 g, Kh: 72 g, kJ: 1781, kcal: 426, BE: 6,0

Tipps: Zu diesem leckeren Vollkornbrot schmeckt neben Butter und Zuckerrübensirup auch grobe Landleberwurst. Mit frischem Schnittlauch- oder Radieschenquark bestrichen ist es eine Delikatesse.
Haben Sie keine Küchenmaschine, können Sie den Teig mit den Händen oder einem Mixer (Knethaken) kneten. Beachten Sie in diesem Fall unbedingt die Hinweise des Herstellers, damit das Gerät nicht überhitzt!

Saftiges Roggenbrot

Hat das Zeug zum Lieblingsbrot

1 ovales Brot

Gelingt am besten mit der Küchenmachine

Vorbereitungszeit erforderlich: 1 Tag

Zum Vorbereiten:

350 ml Wasser

500 g Roggenvollkornschrot (grob gemahlen)

Für den Vorteig:

1 EL Fenchelsamen

300 ml lauwarme Milch

21 g frische Hefe

200 g dunkler Zuckerrübensirup

400 g Weizenmehl (Type 550)

3–4 gestr. TL Salz

Für den Teig:

100 ml lauwarme Milch

10 g frische Hefe

200 g Roggenmehl (Type 1150)

etwas Weizenmehl zum Bestäuben

Zubereitungszeit: 40 Minuten, ohne Quell- und Abkühlzeit
Ruhe-/Gehzeit: 1 Tag und 2 Stunden
Backzeit: etwa 60 Minuten

1. Zum Vorbereiten Wasser in einen Topf geben und zugedeckt zum Kochen bringen. Roggenvollkornschrot unter Rühren hinzugeben und den Topf von der Kochstelle nehmen. Roggenvollkornschrot zugedeckt ausquellen und abkühlen lassen (etwa 2 Stunden).

2. Für den Vorteig Fenchelsamen in einem Mörser grob zerstoßen und beiseitestellen. Milch in die Rührschüssel einer Küchenmaschine geben. Hefe hinzugeben und unter Rühren darin auflösen. Gequollenen Roggenvollkornschrot, Zuckerrübensirup, Mehl, Salz und beiseitegestellte Fenchelsamen hinzugeben. Mit dem Knethaken der Küchenmaschine zu einem glatten Teig verkneten (etwa 1 Minute). Den Vorteig in eine Schüssel geben, mit Frischhaltefolie zudecken und 24 Stunden an einem warmen Ort gehen lassen.

3. Für den Teig Milch in eine kleine Schüssel geben und die Hefe unter Rühren darin auflösen. Hefemilch und Roggenmehl mit dem Vorteig in die Rührschüssel der Küchenmaschine geben (die Frischhaltefolie beiseitelegen, sie wird nochmals benötigt). Mit dem Knethaken auf mittlerer Stufe so lange kneten, bis der Teig elastisch ist und sich vom Schüsselrand löst (etwa 2 Minuten).

4. Den Teig mit Mehl bestäuben und auf eine leicht mit Mehl bestäube Arbeitsfläche geben. Den Teig mit den Händen verkneten und zu einem ovalen Laib formen. Den Brotlaib auf ein Backblech (mit Backpapier belegt) legen und mit Frischhaltefolie zugedeckt so lange an einem warmen Ort gehen lassen, bis er sich sichtbar vergrößert hat (etwa 2 Stunden). Folie entfernen.

5. Den Backofen vorheizen. Ober-/Unterhitze: etwa 200 °C, Heißluft: etwa 180 °C.

6. Das Backblech in den vorgeheizten Backofen schieben. Das Brot **etwa 15 Minuten backen**. Dann die Backofentemperatur um etwa 20 °C auf Ober-/Unterhitze: etwa 180 °C, Heißluft: etwa 160 °C reduzieren. Das Brot weitere **etwa 45 Minuten backen**.

7. Das Roggenbrot auf einen Kuchenrost legen und erkalten lassen.

Insgesamt:
E: 146 g, F: 32 g, Kh: 904 g, kJ: 19047, kcal: 4541, BE: 75,5

Einfaches Gewürz-Körnerbrot

Schmeckt auch noch am nächsten Tag

1 Kastenbrot

Für den Teig:

500 ml lauwarmes Wasser

21 g frische Hefe

1 EL flüssiger Honig

80 g geschälte Kürbiskerne

80 g Sonnenblumenkerne

350 g Weizenvollkornmehl

350 g Dinkelvollkornmehl

2–3 gestr. TL Salz

1 gestr. TL gem. Kümmel

½ gestr. TL ger. Muskatnuss

etwas Weizenvollkornmehl zum Bestäuben

Zum Bestreichen:

etwas Wasser

Zubereitungszeit: 30 Minuten
Geh-/Ruhezeit: etwa 45 Minuten
Backzeit: etwa 60 Minuten

1. Für den Teig Wasser in eine Rührschüssel gießen. Hefe und Honig hinzugeben und unter Rühren darin auflösen.

2. Von den Kernen je 1 Esslöffel abnehmen und beiseitelegen. Beide Mehlsorten, Salz, Kümmel, Muskatnuss und restliche Kerne hinzufügen. Mit einem Mixer (Knethaken) zu einem glatten Teig verkneten (etwa 1 Minute). Teig zugedeckt so lange an einem warmen Ort gehen lassen, bis er sich sichtbar vergrößert hat (etwa 45 Minuten).

3. Den Teig auf eine leicht mit Mehl bestäubte Arbeitsfläche geben und mit den Händen vorsichtig zu einer Rolle (etwa 30 cm lang) formen. Die Teigrolle in eine Kastenform (etwa 30 x 11 cm, gefettet, gemehlt) geben. Die Oberfläche des Teiges mit einem sehr scharfen Messer in der Mitte längs einschneiden (etwa 1 cm tief), mit Wasser bestreichen. Die Form auf dem Rost in den kalten Backofen schieben.

4. Den Backofen einschalten. Ober-/Unterhitze: etwa 200 °C, Heißluft: etwa 180 °C.

5. Das Gewürz-Körnerbrot **etwa 60 Minuten backen.**

6. Das Brot sofort nach dem Backen aus der Form lösen und auf einem Kuchenrost erkalten lassen.

Tipps: Dieses herzhaft-saftige Brot schmeckt besonders gut mit frischem Kräuterquark. Oder bestreichen Sie die Scheiben mit Senf oder Sahnemeerrettich anstatt mit Butter. Belegen Sie es anschließend mit frischem Wurst- oder Käseaufschnitt.

Insgesamt:
E: 140 g, F: 85 g, Kh: 491 g, kJ: 13874, kcal: 3317, BE: 41,0

Tipps: Zu diesem besonderen Brot schmecken sowohl herzhafte, als auch süße Beläge. Besonders gut schmeckt es mit Butter und dunklem Zuckerrübensirup oder Apfelkraut bestrichen.

Süßes Schwarzbrot

Tolle Knolle trifft Schokolade

1 rundes Brot

Gelingt am besten
mit der Küchenmaschine

Für die Kartoffelmasse:

200 g mehligkochende Kartoffeln

Salzwasser

Zum Vorbereiten:

450 ml kaltes Wasser

80 g Maismehl

20 g Butter

60 g Zartbitter-Schokolade
(etwa 50 % Kakaoanteil)

250 g dunkler Zuckerrübensirup

1 ½ gestr. TL gem.
Kümmelsamen

2 gestr. TL brauner Zucker

2 gestr. TL Salz

Für den Teig:

50 ml lauwarmes Wasser

30 g frische Hefe

400 g Roggenmehl (Type 1150)

200 g Weizenvollkornmehl

100 g Weizenschrot
(mittelfein gemahlen)

Zum Bestäuben:

100 g Weizenvollkornmehl

Zum Bestreichen und für das Blech:

1 EL Speiseöl

Zum Bestreichen:

1 Eiweiß (Größe M)

2 EL Wasser

Zubereitungszeit: 55 Minuten
Ruhe-/Gehzeit: etwa 3 Stunden
Backzeit: etwa 60 Minuten

1. Für die Kartoffelmasse Kartoffeln schälen, abspülen, in einem Topf knapp mit Wasser bedeckt, zugedeckt zum Kochen bringen und in etwa 20 Minuten gar kochen. Kartoffeln abgießen und noch heiß durch eine Kartoffelpresse drücken. Kartoffelmasse auf Zimmertemperatur abkühlen lassen.

2. Zum Vorbereiten Wasser in einen Topf geben. Maismehl hinzugeben und unter Rühren zum Kochen bringen. Den Topf von der Kochstelle nehmen. Butter und Schokolade hinzugeben und schmelzen lassen. Zuckerrübensirup, Kümmel, Zucker und Salz hinzugeben und mit einem Mixer (Rührbesen) gut unterarbeiten. Die Mischung auf Zimmertemperatur abkühlen lassen.

3. Für den Teig Wasser in eine Rührschüssel der Küchenmaschine geben. Hefe hinzugeben und unter Rühren darin auflösen. Kartoffelmasse und Maisbreimischung hinzugeben, mit dem Knethaken der Küchenmaschine gründlich unterarbeiten. Beide Mehlsorten und Schrot hinzugeben und zu einem glatten Teig verkneten.

4. Die Arbeitsfläche mit 50 g des Weizenvollkornmehls bestäuben. Den Teig daraufgeben. Das Mehl unter den Teig arbeiten und mit den Händen so lange verkneten, bis der Teig elastisch ist (5–10 Minuten).

5. Den Teig zu einer Kugel formen und in eine mit ½ Esslöffel Öl ausgestrichene Rührschüssel legen. Die Schüssel mit Frischhaltefolie zudecken. Den Teig so lange an einem warmen Ort gehen lassen, bis er sich sichtbar vergrößert hat (etwa 1 Stunde und 30 Minuten).

6. Die Arbeitsfläche mit dem restlichen Mehl bestäuben. Den Teig daraufgeben (Frischhaltefolie beiseitelegen, wird nochmals benötigt) und das Mehl unter gründlichem Kneten einarbeiten. Den Teig zu einer Kugel formen. Ein Backblech mit ½ Esslöffel Öl bestreichen. Die Teigkugel darauflegen, mit der beiseitegelegten Frischhaltefolie lose zudecken und so lange an einem warmen Ort gehen lassen, bis sie sich sichtbar vergrößert hat (etwa 1 Stunde und 30 Minuten). Folie entfernen.

7. Den Backofen vorheizen. Ober-/Unterhitze: etwa 180 °C, Heißluft: nicht empfehlenswert.

8. Zum Bestreichen Eiweiß in einer kleinen Schüssel mit 2 Esslöffeln Wasser gründlich verquirlen. Den Brotlaib damit bestreichen.

9. Das Backblech in den vorgeheizten Backofen schieben. Das süße Schwarzbrot **etwa 60 Minuten backen**.

10. Das Brot auf einen Kuchenrost legen und erkalten lassen.

Insgesamt:
E: 119 g, F: 63 g, Kh: 7991 g, kJ: 17973, kcal: 4282, BE: 66,5

Tipps: Der Sauerteig kann durch 150 g Roggen-Sauerteig im Frischebeutel ersetzt werden. Da es sich hier um ein recht arbeitsaufwendiges Brot handelt, ist es sinnvoll, wie im Rezept beschrieben, gleich zwei Brote zu backen. Wenn Sie ein rundes und ein längliches Brot formen, passen beide auf ein Backblech. Das Brot lässt sich sehr gut einfrieren. Benötigen Sie immer nur einige Scheiben, frieren Sie das Brot portionsweise ein.
Für dieses Rezept ist eine Küchenmaschine mit großer Rührschüssel sinnvoll. Haben Sie eine eher kleine Rührschüssel, teilen Sie den Teig nach Punkt 4 in 2 gleich große Portionen und geben Sie sie in 2 Rührschüsseln. Verarbeiten Sie beide Portionen getrennt voneinander mit jeweils der Hälfte der weiteren Zutaten. Kneten Sie dann beide Teigportionen nacheinander in der Küchenmaschine. Damit Sie einen gleichmäßigen Teig bekommen, verkneten Sie beide Teigportionen auf der Arbeitsfläche gründlich miteinander.

Saftiges Dreikornbrot

Herzhaft und Kernig – dauert länger

2 runde Brote

Gelingt am besten mit der Küchenmaschine

Vorbereitungszeit erforderlich: 2 Tage

Für den Sauerteigansatz:
150 ml lauwarmes Wasser
5 g frische Hefe
60 g Roggenmehl (Type 610)

Für die Getreidemischung:
750 ml Wasser
200 g Weizenkörner
150 g Roggenkörner

Für den Vorteig:
150 ml lauwarmes Wasser
21 g frische Hefe
150 g Weizenmehl (Type 1050)

Für den Teig:
750 g Weizenmehl (Type 1050)
500 g Weizenvollkornschrot (mittelfein gem.)
250 g Roggenmehl (Type 610)
80 g Sonnenblumenkerne
2 gestr. EL Salz
550 ml lauwarmes Wasser

Für die Arbeitsfläche:
etwa 100 g Weizenmehl (Type 1050)

etwas Weizenmehl zum Bestäuben

Zubereitungszeit: 50 Minuten
Ruhe-/Gehzeit:
2 Tage, 4 Stunden und 30 Minuten
Backzeit: etwa 60 Minuten

1. Für den Sauerteigansatz **zwei Tage vor dem geplanten Backen** das Wasser in eine kleine Schüssel (kein Metall) geben, Hefe unter Rühren darin auflösen. Mehl hinzugeben und die Zutaten zu einem glatten Teig verrühren. Die Schüssel mit Frischhaltefolie verschließen, den Sauerteigansatz bei Zimmertemperatur 2 Tage stehen lassen. In dieser Zeit soll der Ansatz nicht gerührt werden, damit sich deutlich sichtbare Bläschen bilden können.

2. Für die Getreidemischung **einen Tag vor dem geplanten Backen** das Wasser in einen Topf geben. Weizen- und Roggenkörner darin zugedeckt zum Kochen bringen. Den Topf von der Kochstelle nehmen. Körner im Kochwasser erkalten und etwa 24 Stunden quellen lassen.

3. **Am Tag des Backens:** Die Körner in ein Sieb abgießen und gut abtropfen lassen.

4. Für den Vorteig das Wasser in die Rührschüssel einer Küchenmaschine geben. Hefe darin unter Rühren auflösen. Mehl hinzugeben und zu einem weichen Vorteig verrühren. Dann für den Teig Weizenmehl, Vollkornschrot und Roggenmehl daraufgeben (nicht verrühren). Sonnenblumenkerne und Salz daraufstreuen. Die Schüssel mit Frischhaltefolie verschließen, den Teig an einem warmen Ort gehen lassen, bis sich deutliche Risse im Mehl zeigen (etwa 90 Minuten).

5. Die eingeweichten Körner auf die Mehlschicht geben.

6. Den Sauerteigansatz mit Wasser verrühren und hinzugeben. Mit dem Knethaken der Küchenmaschine zu einem glatten Teig verkneten (etwa 1 Minute). Den Teig auf eine mit Mehl bestreute Arbeitsfläche legen und mit den Händen kneten, bis er elastisch ist (etwa 3 Minuten), zu einer Kugel formen und auf ein Backblech (mit Backpapier belegt) legen. Die Teigkugel mit Frischhaltefolie zudecken, an einem warmen Ort gehen lassen, bis sie sich sichtbar vergrößert hat (etwa 1 Stunde).

7. Den Teig ohne weiteres Kneten vorsichtig halbieren und 2 Laibe formen. 2 Gärkörbe (Ø etwa 26 cm; ersatzweise 2 Schüsseln mit einem Geschirrtuch auslegen) mit Mehl ausstreuen. Brotlaibe hineinlegen, zudecken und an einem warmen Ort so lange gehen lassen, bis sie sich sichtbar vergrößert haben (etwa 2 Stunden).

8. Den Backofen vorheizen. Ober-/Unterhitze: etwa 200 °C, Heißluft: nicht empfehlenswert.

9. Zunächst einen Brotlaib auf ein Backblech (gefettet, mit Backpapier belegt) stürzen und mit Mehl bestäuben. Das Backblech in den vorgeheizten Backofen schieben. Brot etwa **60 Minuten backen**. (Der 2. Brotlaib bleibt bis zum Backen zugedeckt an einem warmen Ort stehen.)

10. Das Brot nach dem Backen sofort mit kaltem Wasser bestreichen. Dann auf einen Kuchenrost legen und erkalten lassen. Den zweiten Brotlaib auf das Blech stürzen und ebenso backen.

Pro Brot:
E: 134 g, F: 30 g, Kh: 734 g, kJ: 15572, kcal: 3719, BE: 61 g

Hier ist der Brotkorb Mittelpunkt

Bestreut, gefüllt und gewickelt

Lassen Sie sich überraschen, wie gut Kartoffeln und Rote Bete, Steinpilze und Datteln im Brot schmecken! Das Rote-Bete-Brot sorgt ganz bestimmt für überraschte Blicke. Kartoffel- oder Möhren-Sonnenblumenkern-Brot bleiben mehrere Tage supersaftig. Selbst lange, dunkle Abende im Herbst lassen sich gut aushalten, wenn zu leckeren Wildgerichten oder feiner Kürbissuppe der Steinpilzfladen angeboten wird.

Kerniger Roggenfladen

Rustikal

1 Fladen

Für den Teig:

70 g Sonnenblumenkerne

3 EL Zuckerrübensirup (Rübenkraut)

250 g Weizenmehl (Type 1050)

150 g Roggenvollkornschrot

1 Pck. Hefeteig Garant

1–2 gestr. TL Salz

½ TL gem. Kümmel

100 g kernige Haferflocken

2 EL Rapsöl

250 ml Sauerkrautsaft

100 ml Wasser

Zum Bestreuen:

20 g Sonnenblumenkerne

Zubereitungszeit: 15 Minuten
Ruhe-/Gehzeit: etwa 15 Minuten
Backzeit: etwa 30 Minuten

1. Für den Teig Sonnenblumenkerne in einer Pfanne ohne Fett goldbraun rösten. Zuckerrübensirup hinzugeben, mit den Kernen vermengen und die Mischung etwas abkühlen lassen.

2. Den Backofen vorheizen. Ober-/Unterhitze: etwa 200 °C, Heißluft: etwa 180 °C.

3. Mehl, Vollkornschrot, Hefeteig Garant, Salz und Kümmel in einer Rührschüssel mischen. Restliche Zutaten und die Sonnenblumenkern-Sirup-Mischung hinzugeben, alles mit einem Mixer (Knethaken) zu einem glatten Teig verkneten.

4. Den Teig auf ein Backblech (gefettet, mit Backpapier belegt) geben und mit einem breiten Messer oder einer Palette zu einem Fladen (etwa 30 x 15 cm) verstreichen. Den Fladen zuerst mit Wasser bestreichen, dann mit Sonnenblumenkernen bestreuen und zugedeckt ruhen lassen (etwa 15 Minuten).

5. Das Backblech in den vorgeheizten Backofen schieben. Das Brot **etwa 30 Minuten backen**.

6. Das Brot auf einen Kuchenrost legen und erkalten lassen.

Tipps: Dieses Brot passt sehr gut zu einer rustikalen Brotzeit. Servieren Sie dazu kräftigen Käse, geräucherte Wurstspezialitäten sowie Radieschen, eingelegte Gurken und in feine Scheiben geschnittenen Rettich.
Mit Butter und Zuckerrübensirup (Rübenkraut) bestrichen ist dieses Brot ein ganz besonderer Genuss.

••

Insgesamt:
E: 93 g, F: 59 g, Kh: 398 g, kJ: 10745, kcal: 2558, BE: 33,0

Zwiebelfladen

Hier gibt es höchstens Freudentränen

4 Fladen
170 g Frühlingszwiebeln
3 EL Olivenöl
100 g 5-Korn-Flocken
etwas Salz
gem. Pfeffer
300 g Weizenmehl (Type 1050)
1 Pck. Dr. Oetker Backin
½–1 gestr. TL Salz
250 g Buttermilch

etwas Weizenmehl
zum Bestäuben

Zubereitungszeit: 10 Minuten
Ruhe-/Gehzeit: keine
Backzeit: etwa 35 Minuten

1. Den Backofen vorheizen. Ober-/Unterhitze: etwa 180 °C, Heißluft: etwa 160 °C.

2. Frühlingszwiebeln putzen, abspülen, abtropfen lassen und in feine Scheiben schneiden. Das Öl in einer Pfanne erhitzen. Die Zwiebelscheiben hinzugeben und etwa 2 Minuten bei mittlerer Hitze unter Rühren anbraten. 5-Korn-Flocken hinzugeben, kurz mit andünsten. Mit Salz und Pfeffer würzen. Die Pfanne von der Kochstelle nehmen und die Zwiebel-Flocken-Mischung etwas abkühlen lassen.

3. Mehl mit Backpulver und Salz in einer Rührschüssel mischen. Buttermilch und lauwarmes Zwiebel-Flocken-Gemisch dazugeben, mit einem Mixer (Knethaken) zu einem weichen Teig verkneten.

4. Den Teig auf der leicht mit Mehl bestäubten Arbeitsfläche zu einer Rolle formen und vierteln. Die Stücke zu rundlichen Ovalen formen, mit Mehl bestäuben und etwas flach drücken.

5. Die Zwiebelfladen dünn mit Mehl bestäuben und auf ein Backblech (gefettet, mit Backpapier belegt) legen. Das Backblech in den vorgeheizten Backofen schieben. Die Fladen **etwa 35 Minuten backen**.

6. Die Zwiebelfladen auf einen Kuchenrost legen und erkalten lassen.

Tipps: 5-Korn-Flocken werden als fertige Mischung angeboten. Sie besteht zum Beispiel aus Weizen-, Gerste-, Hafer-, Roggen- und Reisflocken. Anstelle der fertigen Mischung können Sie auch kernige Hafer- oder Dinkelflocken verwenden.
Die Zwiebelfladen eignen sich sehr gut als Beilage zu herzhaften Suppen oder zu rustikalen Belägen wie Salami oder frischer Landleberwurst. Auch mit Schmalz bestrichen und anschließend mit etwas Salz bestreut sind die Fladen ein Genuss.
••

Pro Stück:
E: 15 g, F: 10 g, Kh: 76 g, kJ: 1940, kcal: 462, BE: 6,0

Tipps: Servieren Sie das Brot zu herbstlicher Kürbissuppe oder zu Wildgerichten. Ausgezeichnet schmeckt auch gehobelter würziger Käse, z. B. Bergkäse oder Parmesan dazu. Wer es zusätzlich gern fruchtig mag, serviert außerdem Wildpreiselbeeren aus dem Glas.

Steinpilzfladen

Den gibt's nicht an jeder Ecke

1 Fladen

Zum Vorbereiten:
10 g getrocknete Steinpilze
350 ml heißes Wasser
50 ml Olivenöl
½ Knoblauchzehe

Für den Teig:
21 g frische Hefe
500 g Weizenmehl (Type 550)
2–3 gestr. TL Salz
50 ml Olivenöl

etwas Mehl zum Bestäuben

Zum Bestreuen:
1 Zweig Rosmarin
1 gestr. TL Meersalz

Zubereitungszeit: 30 Minuten
Einweich-/Gehzeit:
etwa 2 Stunden und 10 Minuten
Backzeit: etwa 35 Minuten

1. Zum Vorbereiten die Steinpilze in eine hitzebeständige Schüssel geben (sehr große Steinpilzscheiben evtl. in kleine Stücke schneiden). Die Pilze mit heißem Wasser begießen, sodass die Pilze ganz mit Wasser bedeckt sind. Die Pilze zugedeckt etwa 30 Minuten einweichen.

2. Das Öl in eine kleine Schüssel geben. Knoblauch abziehen, grob zerkleinern, mit dem Öl vermischen und zugedeckt beiseitestellen.

3. Für den Teig die Pilze mit dem Einweichwasser in eine Rührschüssel geben. Hefe hineinbröckeln und unter Rühren darin auflösen.

4. Mehl und Salz mischen. Zunächst das Olivenöl zu der Hefemischung in die Rührschüssel geben. Dann die Mehlmischung in 2–3 Portionen hinzugeben und mit einem Mixer (Knethaken) so lange zu einem glatten, weichen Teig verkneten, bis sich der Teig vom Schüsselrand löst (etwa 2 Minuten). Den Teig mit Mehl bestäuben und mit Frischhaltefolie zudecken. Teig so lange an einem warmen Ort gehen lassen, bis er sich sichtbar vergrößert hat (etwa 30 Minuten).

5. Anschließend den Teig vorsichtig mit einer Teigkarte oder einem Teigschaber vom Schüsselrand lösen (nicht verkneten!) (Die Frischhaltefolie beiseitelegen, sie wird nochmals benötigt).

6. Den Teig vorsichtig auf ein Backblech (gefettet, mit Backpapier belegt) geben und zu einem flachen Brotfladen (Ø etwa 30 cm) formen. Dabei darauf achten, dass die eingeschlossenen Luftbläschen möglichst erhalten bleiben. Den Teigfladen mit der beiseitegelegten Frischhaltefolie zudecken und nochmals so lange an einem warmen Ort gehen lassen, bis er sich sichtbar vergrößert hat (etwa 1 Stunde).

7. Die Frischhaltefolie vom Teigfladen entfernen und beiseitelegen. Das beiseitegestellte Knoblauchöl in ein feines Sieb gießen, das Öl dabei auffangen. Rosmarin abspülen, trocken tupfen, die Nadeln von den Stängeln zupfen.

8. Mit einem Holzlöffelstiel oder den Fingern einzelne Löcher in den Teig drücken. Das Knoblauchöl hineinträufeln. Rosmarinnadeln und Salz auf den Teigfladen streuen. Teigfladen wieder mit Frischhaltefolie zudecken und so lange an einem warmen Ort gehen lassen, bis er sich sichtbar vergrößert hat (etwa 10 Minuten).

9. In der Zwischenzeit den Backofen vorheizen. Ober-/Unterhitze: etwa 200 °C, Heißluft: etwa 180 °C.

10. Die Frischhaltefolie entfernen. Das Backblech in den vorgeheizten Backofen schieben. Fladen **etwa 35 Minuten backen**.

11. Steinpilzfladen auf einen Kuchenrost legen und erkalten lassen.

Insgesamt:
E: 61 g, F: 106 g, Kh: 368 g, kJ: 11221, kcal: 2678, BE: 30,5

Rote-Bete-Brot

Etwas ganz Besonderes – für Gäste

1 ovales Brot
Für den Teig:
100 g Roggenvollkornschrot
350 g Weizenmehl (Type 550)
1 Pck. Dr. Oetker Backin
1–2 gestr. TL Salz
1 Msp. gem. Kümmel
1 Msp. gem. Koriander
½ TL gerebelter Thymian
200 ml Rote-Bete-Saft
2 EL Apfelessig
2 EL Rapsöl
100 g Magerquark

etwas Mehl zum Bestäuben

Zubereitungszeit: 15 Minuten
Ruhe-/Gehzeit: etwa 5 Minuten
Backzeit: etwa 40 Minuten

1. Den Backofen vorheizen. Ober-/Unterhitze: etwa 180 °C, Heißluft: etwa 160 °C.

2. Roggenschrot, Mehl, Backpulver und Salz in einer Rührschüssel mischen. Kümmel und Koriander hinzufügen. Thymian mit den Fingern zerreiben und auf die Mischung streuen.

3. Rote-Bete-Saft, Essig, Öl und Quark hinzufügen. Die Zutaten mit einem Mixer (Knethaken) zu einem glatten Teig verkneten. Den Teig zugedeckt ruhen lassen (etwa 5 Minuten).

4. Den Teig auf der leicht mit Mehl bestäubten Arbeitsfläche zu einer etwa 25 cm langen Rolle formen. Die Teigrolle auf ein Backblech (gefettet, mit Backpapier belegt) legen und mit Mehl bestäuben. Die Teigrolle auf der Oberfläche mit einem scharfen Messer kreuzweise diagonal etwa 1 cm tief einschneiden.

5. Das Backblech in den vorgeheizten Backofen schieben. Das Brot **etwa 40 Minuten backen**.

6. Das Rote-Bete-Brot auf einen Kuchenrost legen und erkalten lassen.

Variante: Spinatbrot mit Kürbiskernöl
Für ein Spinatbrot 150 g TK-Blattspinat mit 100 ml Wasser zugedeckt in einem Topf zum Kochen bringen. Anschließend in einen Rührbecher geben, 2 Esslöffel Kürbiskernöl hinzugeben und mit einem Pürierstab fein pürieren (Kümmel, Koriander, Thymian, Rote-Bete-Saft und Rapsöl werden durch das Spinatpüree ersetzt). 2 gestrichene Teelöffel Salz verwenden.

Tipps: Das Brot sorgt durch sein ungewöhnliches Aussehen für erstaunte Blicke. Sehr gut schmeckt dazu Kräuter-, Ziegenfrisch- oder Schafskäse. Servieren Sie das Brot doch einmal zu einer bunten, abwechslungsreichen Käseplatte mit Pesto-Gouda, Höhlenkäse, herzhaftem Edelschimmelkäse wie z. B. Gorgonzola oder Roquefort und Cheddar. Reichen Sie dann dazu Preiselbeeren oder in Fächer geschnittene Birnenspalten.

••

Insgesamt:
E: 66 g, F: 26 g, Kh: 349 g, kJ: 8035, kcal: 1918, BE: 29,0

Tipps: Da das Brot durch die enthaltenen Kräuter schon einen intensiven Geschmack hat, passt sehr gut leicht gesalzene Bauernbutter dazu. Doch auch mit Käse oder zartem Lachsschinken belegt, ist es ein ganz besonderer Genuss und wird Familie und Gäste begeistern. Reichen Sie dazu einfach eine kleine, flache Schale mit etwas Olivenöl, in das Sie etwas grobes Meersalz und geschroteten Pfeffer gegeben haben. Zu diesem Kräuterbrot schmeckt auch Frischkäsecreme mit Frühlingszwiebeln prima.

Kräuterzopf

Besonders würzig

1 Brotzopf

Für den Teig:

600 ml lauwarmes Wasser

1 gestr. TL Zucker

21 g frische Hefe

1000 g Weizenmehl (Type 550)

200 g Hartweizengrieß

3 gestr. TL Salz

100 g Butter (zimmerwarm)

je 5 Stängel Basilikum,
Petersilie, Rosmarin

½ Bund Schnittlauch

1 kleine Knoblauchzehe

etwas Mehl zum Bestäuben

Zum Bestreichen und Bestreuen:

etwas Wasser

1–2 gestr. TL Meersalz

Zubereitungszeit: 50 Minuten
Ruhe-/Gehzeit:
etwa 2 Stunden und 10 Minuten
Backzeit: etwa 45 Minuten

1. Für den Teig Wasser und Zucker in eine Rührschüssel geben. Hefe hinzugeben und unter Rühren darin auflösen.

2. Zunächst 400 g vom Mehl hinzugeben und mit dem Mixer (Knethaken) verkneten.

3. Übriges Mehl, Hartweizengrieß, Salz und Butter locker auf den Vorteig geben (nicht unterrühren) und so lange an einem warmen Ort gehen lassen, bis sich sichtbare Risse im Mehl zeigen (etwa 30 Minuten).

4. In der Zwischenzeit Kräuter abspülen, trocken tupfen. Blättchen und Nadeln von den Stängeln zupfen und fein schneiden. Knoblauch abziehen und in feine Würfel schneiden, alles zugedeckt beiseitestellen.

5. Kräuter und Knoblauch auf den Vorteig geben. Alle Zutaten mit dem Mixer (Knethaken) oder der Küchenmaschine (Knethaken) so lange kneten, bis sich der Teig vom Schüsselrand löst (etwa 2 Minuten).

6. Den Teig mit Mehl bestäuben und auf eine leicht mit Mehl bestäubte Arbeitsfläche geben. Den Teig mit den Händen kräftig durchkneten, bis er elastisch ist (etwa 5 Minuten). Dann den Teig zu einer Kugel formen. Die Teigkugel in die Rührschüssel zurücklegen und mit Frischhaltefolie zudecken. Die Teigkugel so lange an

einem warmen Ort gehen lassen, bis sie sich sichtbar vergrößert hat (etwa 30 Minuten).

7. Die Teigkugel auf eine leicht mit Mehl bestäubte Arbeitsfläche geben und verkneten. Den Teig in drei gleich große Stücke teilen. Jedes Stück zu einer Kugel formen und zugedeckt nochmals ruhen lassen (etwa 10 Minuten).

8. Jede Teigkugel zu einem langen Teigstrang formen (etwa 50 cm lang). Aus den drei Strängen einen Zopf flechten und auf ein Backblech (gefettet, mit Backpapier belegt) legen. Den Kräuterzopf mit Frischhaltefolie zudecken und so lange an einem warmen Ort gehen lassen, bis er sich sichtbar vergrößert hat (etwa 60 Minuten).

9. Den Backofen vorheizen. Ober-/Unterhitze: etwa 200 °C, Heißluft: nicht empfehlenswert.

10. Kräuterzopf zunächst mit Wasser bestreichen, dann mit Meersalz bestreuen.

11. Das Backblech in den vorgeheizten Backofen schieben und den Kräuterzopf **etwa 45 Minuten backen.**

12. Kräuterzopf auf einen Kuchenrost legen und erkalten lassen.

Insgesamt:
E: 137 g, F: 97 g, Kh: 897 g, kJ: 21208, kcal: 5063, BE: 75,0

Buttermilchbrot mit Rosinen

Schnell gemacht

1 ovales Brot
Für den Teig:
200 g Weizenmehl (Type 550)
250 g Weizenmehl (Type 1050)
1 Pck. Dr. Oetker Backin
1 ½ gestr. TL Salz
1 Msp. gem. Nelken
1 Msp. gem. Muskatnuss
50 g Butter (zimmerwarm)
350 g Buttermilch
70 g Rosinen

etwas Weizenmehl
zum Bestäuben

Zubereitungszeit: 10 Minuten
Ruhe-/Gehzeit: keine
Backzeit: etwa 35 Minuten

1. Den Backofen vorheizen. Ober-/Unterhitze: etwa 180 °C, Heißluft: etwa 160 °C.

2. Für den Teig beide Mehlsorten, Backpulver, Salz, Nelken und Muskat in einer Rührschüssel mischen. Butter hinzufügen. Buttermilch hinzugießen und alles mit einem Mixer (Knethaken) zu einem glatten Teig verkneten. Die Rosinen zum Schluss vorsichtig unterkneten, sodass sie gleichmäßig im Teig verteilt sind.

3. Den Teig auf der leicht mit Mehl bestäubten Arbeitsfläche zu einem ovalen Laib (etwa 25 cm Länge) formen und auf ein Backblech (gefettet, mit Backpapier belegt) legen. Den Brotlaib dünn mit Mehl bestäuben. Die Brotoberfläche mit einem sehr scharfen Messer 5-mal einschneiden (etwa 1 cm tief).

4. Das Backblech in den vorgeheizten Backofen schieben. Das Buttermilchbrot **etwa 35 Minuten backen.**

5. Das Buttermilchbrot auf einen Kuchenrost legen und erkalten lassen.

Tipps: Rosinen ist der Überbegriff für getrocknete Weintrauben. Je nach Art der Traube sind sie unter diversen Bezeichnungen im Handel. Korinthen sind klein, dunkel und kernlos. Sultaninen sind groß, eher hell und kernlos. Mögen Sie nicht so gern Rosinen, ersetzen Sie sie durch in kleine Stücke geschnittene, getrocknete Pflaumen, Aprikosen oder Cranberrys. Das getrocknete Obst ist weicher und saftiger, wenn Sie es vor der Einarbeitung in den Teig 10–20 Minuten in etwas Apfelsaft oder Wasser einweichen.
••

Insgesamt:
E: 68 g, F: 51 g, Kh: 393 g, kJ: 9820 , kcal: 2343, BE: 33,0

Müslibrot

In jeder Hinsicht eine runde Sache

1 rundes Brot

Für den Vorteig:

300 ml lauwarmes Wasser

21 g frische Hefe

1 gestr. TL Zucker

250 g Weizenmehl (Type 1050)

150 g Früchte-Müsli ohne Zuckerzusatz, z. B. Vitalis Fruchtgenuss

Für den Teig:

200 g Weizenmehl (Type 1050)

2 gestr. TL Salz

2 EL Olivenöl

Zum Bestreichen:

etwas kaltes Wasser

Für die Form:

1 TL Speiseöl, z. B. Sonnenblumenöl

Zubereitungszeit: 30 Minuten
Ruhe-/Gehzeit: etwa 2 Stunden und 30 Minuten
Backzeit: etwa 45 Minuten

1. Für den Vorteig Wasser in eine Rührschüssel geben. Hefe und Zucker unter Rühren darin auflösen. Mehl hinzugeben und mit einem Rührlöffel zu einem weichen Teig verkneten. 1 Esslöffel Müsli beiseitestellen. Restliches Müsli mit einem Mixer (Knethaken) unterarbeiten. Den Vorteig mit Frischhaltefolie zudecken und so lange an einem warmen Ort gehen lassen, bis er sich sichtbar vergrößert hat (etwa 60 Minuten).

2. Für den Teig das Mehl auf den Vorteig geben. Anschließend Salz und Olivenöl daraufgeben und die Zutaten mit einem Mixer (Knethaken) so lange kneten, bis der Teig elastisch ist und sich vom Schüsselrand löst (etwa 1 Minute). Den Teig zu einer Kugel formen.

3. Einen flexiblen Metalltortenring oder einen Springformrand (Ø 20 cm) auf ein Backblech (gefettet, mit Backpapier belegt) stellen. Den Rand innen dünn mit Öl einstreichen und die Teigkugel hineinlegen.

4. Die Teigkugel mit kaltem Wasser bestreichen und mit dem beiseitegestellen Müsli bestreuen. Müsli leicht festdrücken. Teigkugel mit Frischhaltefolie zudecken und so lange an einem warmen Ort gehen lassen, bis sie sich sichtbar vergrößert hat (etwa 1 Stunde und 30 Minuten). Frischhaltefolie entfernen.

5. Den Backofen vorheizen. Ober-/Unterhitze: etwa 200 °C, Heißluft: etwa 180 °C.

6. Das Backblech im unteren Drittel in den vorgeheizten Backofen schieben. Das Müslibrot **etwa 45 Minuten backen.**

7. Das Müslibrot nach dem Backen sofort aus dem Tortenring oder Springformrand lösen und auf einen Kuchenrost legen. Müslibrot erkalten lassen.

Tipps: Haben Sie kein Früchte-Müsli zur Hand, ersetzen Sie es durch Haferflocken. Variieren Sie das Brot durch unterschiedliche Müslisorten. Bestreichen Sie die Brotscheiben mit Speisequark oder Crème fraîche und geben Sie anschließend einen Klecks fruchtige Konfitüre darauf.

••

Insgesamt:
E: 76 g, F: 38 g, Kh: 440 g, kJ: 10310, kcal: 2455, BE: 36,5

Kräuter-Knusperfladen

Streifzug durch den Kräutergarten

5 Fladen
Für den Teig:
150 g Weizenmehl (Type 550)
200 g Weizen-Vollkornmehl (Type 1050)
50 g Weizenvollkornschrot (mittelfein gemahlen)
3 EL Olivenöl
250 ml Wasser
1–2 gestr. TL Salz

1 gestr. TL getr. Majoran
1 gestr. TL getr. Rosmarin
10 g ungeschälte Sesamsamen
1 TL Meersalz

etwas Weizenmehl zum Bestäuben

Zubereitungszeit: 30 Minuten
Ruhezeit: etwa 2 Stunden und 10 Minuten
Backzeit: 10–12 Minuten

1. Für den Teig beide Mehlsorten, Vollkornschrot, Öl, Wasser und Salz in eine Rührschüssel geben und mit einem Mixer (Knethaken) verkneten bis ein elastischer Teig entstanden ist (etwa 1 Minute).

2. Den Teig mit Frischhaltefolie zudecken und bei Zimmertemperatur ruhen lassen (etwa 2 Stunden).

3. Den Teig in fünf gleich große Portionen teilen und jeweils zu Kugeln formen. Die Kugeln mit Frischhaltefolie zudecken und ruhen lassen (etwa 10 Minuten). In einer kleinen Schüssel Majoran, Rosmarin, Sesam und Meersalz vermischen.

4. Den Backofen vorheizen. Ober-/Unterhitze: etwa 240 °C, Heißluft: etwa 220 °C.

5. Die Teigkugeln nacheinander auf eine leicht mit Mehl bestäubte Arbeitsfläche geben und mit einer Teigrolle zu großen Fladen (Ø etwa 25 cm) ausrollen. Die Fladen auf Backbleche (mit Backpapier belegt) legen, dünn mit Wasser bestreichen. Fladen mit der Sesam-Kräuter-Mischung und Salz bestreuen, alles etwas andrücken.

6. Die Backbleche nacheinander (bei Heißluft zusammen) in den vorgeheizten Backofen schieben. Die Brotfladen **10–12 Minuten je Backblech backen.**

7. Brotfladen auf einen Kuchenrost legen und erkalten lassen.

Tipps: Backen Sie die Kräuter-Knusperfladen etwas kleiner. Dann sind sie sehr gut fürs Picknick geeignet. Sie können gut in Dips getunkt werden und sind eine ausgezeichnete Beilage zu Salaten. Besonders Kinder knuspern gern „aus der Hand". Variieren Sie die Kräutermischung nach eigenem Geschmack. Lecker ist auch folgende Mischung: 1–2 Teelöffel Leinsamen, 1 Teelöffel Fenchelsamen, 1 Teelöffel Kümmelsamen und etwas grobes Meersalz.

••

Insgesamt:
E: 14 g, F: 17 g, Kh: 59 g, kJ: 1890, kcal: 451, BE: 5,0

Tipps: Blumentöpfe erhalten Sie beim Floristen oder in Baumärkten. Spülen Sie die Töpfe vor der Verwendung sehr gründlich. Besonders gut löst sich das Gebäck, wenn Sie den Tontopf vollständig mit Backpapier auslegen. Sie können das Brot auch in einer Kastenform (etwa 20 x 11 cm) backen.

Glutenfreies Brot

Verblüffend einfach

1 Topfbrot
Zutaten für einen Tonblumentopf
(Ø 12 cm, Höhe 13 cm)
Für den Teig:
400 ml lauwarmes Wasser
21 g frische Hefe
1 TL flüssiger Honig
100 g Reis-Vollkornmehl
150 g Buchweizenmehl
100 g Sojamehl
2 gestr. TL Salz

25 g ganzer Leinsamen
50 g ungeschälter Sesamsamen
80 g geschälte
Sonnenblumenkerne

Zum Bestäuben:
etwas Buchweizenmehl

Für die Form:
Backpapier (ausgeschnitten in der
Größe des Bodens der Form)
1 EL Butter (zimmerwarm)

Zubereitungszeit: 40 Minuten
Ruhe-/Gehzeit: etwa 4 Stunden
Backzeit: 50–60 Minuten

1. Für den Teig Wasser in eine Rührschüssel geben. Hefe und Honig unter Rühren darin auflösen. Alle drei Mehlsorten und das Salz hinzugeben. Die Zutaten mit einem Mixer (Knethaken) zu einem glatten Teig verkneten. Den Teig mit Frischhaltefolie zudecken und so lange an einen warmen Ort gehen lassen, bis er sich sichtbar vergrößert hat (etwa 2 Stunden).

2. Samen und Kerne in einer kleinen Schüssel gut vermengen. Den Teig auf eine leicht mit Mehl bestäubte Arbeitsfläche legen und mit den Händen etwa 1 Minute kneten, dabei zwei Drittel der Körnermischung einarbeiten.

3. Den Tontopf mit Butter ausstreichen und den Boden mit dem ausgeschnittenen Backpapier belegen. Etwas von der Körnermischung an die Innenseite des Topfes streuen. Die übrigen Körner auf die Arbeitsfläche streuen und die Teigkugel darin wälzen. Teigkugel in den Tontopf geben.

4. Den Backofen vorheizen. Ober-/Unterhitze: etwa 50 °C.

5. Backofen ausschalten. Den Tontopf auf einen Rost in den Backofen stellen und den Teig darin so lange gehen lassen, bis er sich sichtbar vergrößert hat (etwa 2 Stunden).

6. Ein ofenfestes Gefäß mit heißem Wasser füllen und auf einen Metall-Kuchenrost auf den Boden des Backofens stellen.

7. Den Backofen einschalten. Ober-/Unterhitze: etwa 200 °C, Heißluft: nicht empfehlenswert.

8. Das glutenfreie Brot **50–60 Minuten backen.**

9. Das Brot auf einen Kuchenrost stellen und etwas abkühlen lassen. Anschließend das Brot aus der Form lösen, wieder in die Form zurückgeben und vollständig erkalten lassen.

Insgesamt:
E: 99 g, F: 95 g, Kh: 278 g, kJ: 9928, kcal: 2372, BE: 23,0

Möhren-Sonnenblumenkern-Brot

Frisch und locker

1 Kastenbrot
Zum Vorbereiten:
240 g Möhren
200 g Sonnenblumenkerne

Für den Teig:
700 g Weizenmehl
2 Pck. Dr. Oetker
Trockenbackhefe
2 gestr. TL Zucker
3 TL Salz
500 ml warmes Wasser
etwas Weizenmehl
zum Bestäuben

Zubereitungszeit: 20 Minuten
Ruhe-/Gehzeit: etwa 25 Minuten
Backzeit: etwa 45 Minuten

1. Zum Vorbereiten Möhren putzen, schälen, abspülen, abtropfen lassen und grob raspeln. Von den Sonnenblumenkernen 2 Esslöffel zum Ausstreuen der Form beiseitestellen.

2. Für den Teig das Mehl mit Trockenbackhefe in einer Rührschüssel vermischen. Restliche Zutaten und die restlichen Sonnenblumenkerne hinzufügen, mit einem Mixer (Knethaken) zunächst kurz auf niedrigster Stufe, dann auf höchster Stufe zu einem glatten Teig verkneten (etwa 5 Minuten).

3. Den Teig leicht mit Mehl bestäuben und zugedeckt so lange an einem warmen Ort gehen lassen, bis er sich sichtbar vergrößert hat (etwa 15 Minuten).

4. Den Backofen vorheizen. Ober-/Unterhitze: etwa 200 °C, Heißluft: etwa 180 °C.

5. Den gegangenen Teig leicht mit Mehl bestäuben und nochmals kurz mit einem Mixer (Knethaken) durchkneten. Den Teig mithilfe einer Teigkarte in eine Kastenform (30 x 11 cm, gefettet, mit beiseitegestellten Sonnenblumenkernen ausgestreut) füllen und evtl. mit einem angefeuchteten Teigschaber glatt streichen. Den Teig nochmals zugedeckt so lange an einem warmen Ort gehen lassen, bis er sich sichtbar vergrößert hat (etwa 10 Minuten).

6. Die Form auf dem Rost im unteren Drittel in den vorgeheizten Backofen schieben. Das Brot **etwa 45 Minuten backen**. Das Brot nach etwa 10 Minuten Backzeit der Länge nach mit einem spitzen Messer etwa 1 cm tief einschneiden (nicht drücken).

7. Das Brot auf einen Kuchenrost stürzen, wieder umdrehen und erkalten lassen.

Tipps: Dieses lockere Brot schmeckt Kindern ganz besonders gut. Bestreichen Sie es mit Frischkäse und belegen es mit fein geschnittenen Apfelspalten. Oder dünn mit Erdnussbutter bestreichen und mit Bananenscheiben belegen.

••

Insgesamt:
E: 133 g, F: 65 g, Kh: 617 g, kJ: 15158, kcal: 3619, BE: 51,5

Pesto-Schnecke

Ideal zur Grill- und Gartenparty

1 Brotschnecke

Für den Hefeteig:
375 g Weizenmehl (Type 550)
1 Pck. Dr. Oetker Trockenbackhefe
1 TL Zucker
1 gestr. TL Salz
225 ml lauwarmes Wasser
2 EL Speiseöl, z. B. Sonnenblumenöl

Für die Füllung:
90 g grünes Pesto

etwas Weizenmehl zum Bestäuben

Zum Bestreichen und Bestreuen:
1 EL Wasser
grobes Meersalz

Zubereitungszeit: 40 Minuten
Ruhe-/Gehzeit: etwa 50 Minuten
Backzeit: 35–40 Minuten

1. Das Mehl in einer Rührschüssel mit Hefe, Zucker und Salz vermischen. Wasser und Öl hinzufügen. Die Zutaten mit einem Mixer (Knethaken) zunächst auf niedrigster, dann auf höchster Stufe in zu einem glatten Teig verkneten (etwa 5 Minuten). Den Teig mit Mehl bestäuben und zugedeckt so lange an einem warmen Ort gehen lassen, bis er sich sichtbar vergrößert hat (etwa 30 Minuten).

2. Den Teig leicht mit Mehl bestäuben, aus der Schüssel nehmen, auf der leicht mit Mehl bestäubten Arbeitsfläche nochmals kurz durchkneten, zu einer Rolle formen und zu einem Rechteck (etwa 25 x 60 cm) ausrollen.

3. Pesto mit einem Teelöffel klecksweise auf dem Rechteck verteilen und verstreichen, dabei rundherum einen etwa 1 cm breiten Rand lassen. Den Teig von der langen Seite aus aufrollen und auf ein Backblech (gefettet, mit Backpapier belegt) legen. Die Rolle zur Schnecke aufwickeln.

4. Die Teigschnecke mit Wasser bestreichen und mit Salz bestreuen. Zugedeckt so lange an einem warmen Ort gehen lassen, bis sie sich sichtbar vergrößert hat (etwa 20 Minuten).

5. Inzwischen den Backofen vorheizen. Ober-/Unterhitze: etwa 200 °C, Heißluft: etwa 180 °C.

6. Das Backblech in den vorgeheizten Backofen schieben. Die Schnecke **35–40 Minuten backen.**

7. Die Pesto-Schnecke vom Backpapier nehmen und auf einem Kuchenrost erkalten lassen.

Tipps: Durch das Pesto hat die Brotschnecke schon einen sehr intensiven Geschmack. Variieren Sie das Brot, indem Sie es wahlweise mit rotem Pesto oder einer Mischung aus einigen schwarzen Oliven, eingelegten, getrockneten Tomaten (beides in feine Würfel geschnitten) und Schafskäsewürfeln füllen. ••

Insgesamt:
E: 52 g, F: 27 g, Kh: 306 g, kJ: 8201, kcal: 1961, BE: 25,5

Mischbrot mit Weizenkeimen

Das ist was für jeden Tag

1 ovales Brot
Zum Vorbereiten:
50 g getrocknete Weizenkeime
100 ml kochendes Wasser

Für den Teig:
250 g Weizenvollkornmehl
100 g Weizenmehl (Type 550)
100 g Roggenvollkornmehl
1 Pck. Dr. Oetker Backin
1–2 gestr. TL Salz
300 ml Reine Molke
3 EL Nussöl, z. B. Walnussöl
1 EL Ahornsirup (Grad A)

etwas Weizenmehl
zum Bestäuben

Zubereitungszeit: 15 Minuten
Ruhe-/Gehzeit: etwa 5 Minuten
Backzeit: etwa 40 Minuten

1. Zum Vorbereiten Weizenkeime in eine kleine, hitzebeständige Schüssel geben. Kochendes Wasser hinzugießen. Weizenkeime zugedeckt beiseitestellen und bis zur Weiterverarbeitung abkühlen lassen.

2. Den Backofen vorheizen. Ober-/Unterhitze: etwa 180 °C, Heißluft: etwa 160 °C.

3. Die drei Mehlsorten, Backpulver und Salz in einer Rührschüssel mischen.

4. Restliche Zutaten und eingeweichte, beiseitegestellte Weizenkeime hinzufügen. Die Zutaten mit einem Mixer (Knethaken) zu einem glatten Teig verkneten und zugedeckt ruhen lassen (etwa 5 Minuten).

5. Den Teig auf der leicht mit Mehl bestäubten Arbeitsfläche zu einer ovalen Teigrolle (etwa 25 x 9 cm) formen. Anschließend auf ein Backblech (gefettet, mit Backpapier belegt) legen und leicht mit Mehl bestäuben. Mit einem in Mehl getauchten runden, scharfen Ausstecher ein Muster aus Ringen in den Teig drücken.

6. Backblech in den vorgeheizten Backofen schieben. Das Brot **etwa 40 Minuten backen.**

7. Das Brot auf einen Kuchenrost legen und erkalten lassen.

Tipps: Zu diesem herzhaft-frischen Brot schmecken kräftige Beläge wie Salami, Teewurst oder Bergkäse. Auch mit Quark, Tomaten- und Gurkenscheiben belegt ist es sehr lecker. Ziehen Sie einen süßen Belag vor, probieren Sie dazu Quark mit Konfitüre oder einfach Butter mit Pflaumenmus.

••

Insgesamt:
E: 68 g, F: 44 g, Kh: 342 g, kJ: 8607, kcal: 2055, BE: 28,5

Kartoffelbrot

Saftig frisch

1 Kastenbrot

Zum Vorbereiten:
75 g Sonnenblumenkerne

Für die Kartoffelmasse:
250 g mehligkochende Kartoffeln

Für den Teig:
375 g Weizenmehl (Type 1050)
1 gestr. TL Salz
30 g Butter (zimmerwarm)
21 g frische Hefe
1 gestr. TL Zucker
75 ml lauwarme Milch
75 ml lauwarmes Wasser
½ mittelgroßer Apfel,
z. B. Boskop

etwas Weizenmehl
zum Bestäuben

Zubereitungszeit:
45 Minuten, ohne Abkühlzeit
Ruhe-/Gehzeit:
etwa 1 Stunde und 5 Minuten
Backzeit: 60–70 Minuten

1. Zum Vorbereiten Sonnenblumenkerne in einer Pfanne ohne Fett unter Wenden leicht rösten, herausnehmen und auf einem Teller abkühlen lassen.

2. Für die Kartoffelmasse Kartoffeln gründlich waschen, knapp mit Wasser bedeckt zum Kochen bringen und zugedeckt in 20–25 Minuten gar kochen. Kartoffeln abgießen, abdämpfen, heiß pellen und sofort durch eine Kartoffelpresse drücken. Kartoffelmasse abkühlen lassen.

3. Für den Teig Mehl in eine Rührschüssel geben. Kartoffelmasse hinzufügen und kurz mit einem Mixer (Knethaken) vermengen. Salz und Butter kurz unterarbeiten.

4. Hefe zerbröckeln, mit Zucker unter Rühren in der Milch auflösen. Hefemilch an einem warmen Ort gehen lassen (etwa 5 Minuten). Hefemilch und Wasser zu der Kartoffel-Mehl-Masse geben. Die Zutaten mit einem Mixer (Knethaken) zunächst kurz auf niedrigster, dann auf höchster Stufe verkneten (etwa 5 Minuten).

5. Apfelhälfte schälen, halbieren, entkernen und raspeln. Apfelraspel und Sonnenblumenkerne unter den Teig arbeiten. Den Teig zugedeckt so lange an einem warmen Ort gehen lassen, bis er sich sichtbar vergrößert hat (etwa 30 Minuten).

6. Den Teig leicht mit Mehl bestäuben, aus der Schüssel nehmen, auf einer leicht bemehlten Arbeitsfläche nochmals kurz durchkneten.

7. Den Teig in eine Kastenform (30 x 11 cm, gefettet) geben. Den Teig nochmals zugedeckt so lange an einem warmen Ort gehen lassen, bis er sich sichtbar vergrößert hat (etwa 30 Minuten).

8. Den Backofen vorheizen. Ober-/Unterhitze: etwa 180 °C, Heißluft: etwa 160 °C.

9. Den Teig mit Wasser bestreichen. Dünn mit Mehl bestäuben und mit einem sehr scharfen Sägemesser der Länge nach einschneiden (etwa 1 cm tief, nicht drücken!).

10. Die Form auf dem Rost in den vorgeheizten Backofen schieben. Das Brot **60–70 Minuten backen**.

11. Das Brot aus der Form lösen und auf einem Kuchenrost erkalten lassen.

Insgesamt:
E: 91 g, F: 71 g, Kh: 360 g, kJ: 10322, kcal: 2464, BE: 30,0

Dattel-Walnuss-Brot

Saftig-kernig

1 rundes Brot

Für den Vorteig:
400 g Weizenmehl
21 g frische Hefe
450 ml lauwarme Milch
3 EL flüssiger Honig

Für den Teig:
400 g Weizenvollkornmehl
50 ml Speiseöl,
z. B. Sonnenblumenöl
2 gestr. TL Salz
200 gehackte Walnusskerne
300 g Datteln (ohne Stein)

etwas Weizenmehl
zum Bestäuben

Zubereitungszeit: 40 Minuten
Ruhe-/Gehzeit: etwa 3 Stunden
Backzeit: etwa 55 Minuten

1. Für den Vorteig Weizenmehl in eine Rührschüssel geben und in die Mitte eine Vertiefung eindrücken. Hefe hineinbröckeln, mit Milch und Honig verrühren. Anschließend mit dem Mixer (Knethaken) zu einem weichen Vorteig verkneten (etwa 1 Minute).

2. Für den Teig Weizenvollkornmehl, Öl, Salz und Walnusskerne locker auf den Vorteig geben (nicht unterkneten). Den Vorteig so lange an einem warmen Ort gehen lassen, bis sich deutliche Risse im aufgeschütteten Mehl zeigen (etwa 60 Minuten). Datteln in Stücke schneiden und beiseitestellen.

3. Die Zutaten in der Rührschüssel mit dem Mixer (Knethaken) so lange kneten, bis der Teig elastisch ist (etwa 1 Minute). Teig auf eine leicht mit Mehl bestäubte Arbeitsfläche geben und zu einem großen Kreis (Ø etwa 30 cm) flach drücken.

4. Die beiseitegestellten Dattelstücke auf dem Teig verteilen. Den Teig so aufrollen, dass die Datteln vollständig von Teig umschlossen sind. Teig zu einer Kugel formen und auf ein Backblech (mit Backpapier belegt) legen. Die Teigkugel zugedeckt nochmals etwa 2 Stunden gehen lassen.

5. Den Backofen vorheizen. Ober-/Unterhitze: etwa 220 °C, Heißluft: nicht empfehlenswert.

6. Die Backofentemperatur um etwa 20 °C auf Ober-/Unterhitze: etwa 200 °C reduzieren. Das Backblech in den vorgeheizten Backofen schieben. Das Brot **etwa 55 Minuten backen**.

7. Dattel-Walnuss-Brot auf einen Kuchenrost legen und erkalten lassen.

Tipps: Dieses Brot schmeckt wunderbar mit Käse (z. B. Gorgonzola) und Feigen- oder Orangensenf. Dazu einige Birnenspalten, Apfel- oder Birnenkraut. Würzen Sie das Dattel-Walnuss-Brot mit je einer Messerspitze Kardamom, Zimt, Piment und Nelken sowie etwas Orangenschale. So bekommt es eine orientalische Note. Das Dattel-Walnuss-Brot kann, gut verpackt, bis zu einer Woche aufbewahrt werden. Dann die Scheiben toasten und dünn mit Butter bestreichen.

••

Insgesamt:
E: 147 g, F: 223 g, Kh: 841 g, kJ: 25112, kcal: 5996, BE: 70,0

Weizen-Quark-Brot mit Leinsamen

Schnell zubereitet – preiswert

2 eckige Brote
Für den Teig:

300 g Weizenvollkornmehl

100 g Weizenmehl (Type 550)

1 Pck. und 1 gestr. TL
Dr. Oetker Backin

1–2 gestr. TL Salz

1 Msp. gem. Fenchel

250 g Magerquark

5 EL Leinöl
(oder neutrales Speiseöl)

150 ml Milch

30 g ganzer Leinsamen

etwas Weizenmehl
zum Bestäuben

Zubereitungszeit: 10 Minuten
Ruhe-/Gehzeit: keine
Backzeit: etwa 35 Minuten

1. Den Backofen vorheizen. Ober-/Unter-
hitze: etwa 180 °C, Heißluft: etwa 160 °C.

2. Beide Mehlsorten, Backpulver, Salz und
Fenchel in einer Rührschüssel mischen.
Restliche Zutaten hinzugeben. Die Zutaten
mit einem Mixer (Knethaken) zu einem
glatten Teig verkneten.

3. Den Teig auf der leicht mit Mehl bestäubten Arbeitsfläche mit den Händen
kurz verkneten und halbieren. Beide
Teighälften mit Mehl bestäuben, zu
Rechtecken in Größe der Körbe formen
und in zwei Spankörbe oder Backformen
(18 x 12 cm, mit Backpapier ausgelegt)
legen.

4. Die Körbe oder Formen auf einem Rost
in den vorgeheizten Backofen schieben.
Die Brote **etwa 35 Minuten backen**.

Tipps: Um zu prüfen, ob das Brot gar ist, das Brot kurz mithilfe von
Topflappen oder einem sauberen Geschirrtuch aus dem Korb oder
der Form nehmen. (Achtung: Heiß!) Beim Klopfen auf die Unterseite
muss es hohl klingen, dann ist das Brot fertig gebacken.
Champignons werden z. B. in Spankörben der angegebenen Größe
verkauft. Die Körbe einfach abspülen, trocknen lassen und mit Backpapier auslegen.
Der Teig kann auch ohne Korb oder Form auf einem mit Backpapier
belegten Backblech gebacken werden. Sie können das Brot auch in
einer Kastenform (etwa 30 x 11 cm) backen. Die Backzeit beträgt in
diesem Fall etwa 50 Minuten. Gemahlenen Fenchel bekommen Sie in
Reformhäusern oder Bio-Läden. ..

Pro Brot:
E: 46 g, F: 38 g, Kh: 144 g, kJ: 4632, kcal: 1106, BE: 12,0

Kürbiskernbrot und -brötchen
(TITELREZEPT)

Zwei auf einen Streich

1 Brot und 6 Brötchen
Gelingt am besten
mit der Küchenmaschine
Für den Teig:
1 Pck. Dr. Oetker
Trockenbackhefe
1 Pck. Sauerteigextrakt (15 g)
500 ml warmes Wasser
375 g Roggenmehl (Type 1150)
375 g Weizenmehl (Type 1050)
50 g dunkler Zuckerrübensirup
3 gestr. TL Salz
40 g geschälte Kürbiskerne

etwas Mehl
zum Bestäuben

Zum Bestreichen:
etwas Wasser

Für die Form und zum Bestreuen:
etwa 50 g geschälte Kürbiskerne
Zubereitungszeit: 40 Minuten
Ruhe-/Gehzeit:
etwa 2 Stunden und 30 Minuten
Backzeit: 65–70 Minuten

1. Für den Teig Trockenbackhefe und Sauerteigextrakt in die Rührschüssel einer Küchenmaschine geben. Wasser hinzugießen und kurz auf niedrigster Stufe verrühren. Beide Mehlsorten, Zuckerrübensirup und Salz hinzugeben. Die Zutaten kurz auf niedrigster Stufe verrühren, dann auf höchster Stufe verkneten (etwa 5 Minuten).

2. Inzwischen die Kürbiskerne mit einem Messer grob hacken, zum Teig in die Rührschüssel geben und mit unterkneten.

3. Den Teig mit Mehl bestäuben und zugedeckt an einem warmen Ort so lange gehen lassen, bis er sich sichtbar vergrößert hat (etwa 1 Stunde).

4. Eine Kastenform (25 x 11 cm, gefettet) mit etwa 30 g Kürbiskernen ausstreuen. Den Teig auf einer leicht mit Mehl bestäubten Arbeitsfläche kurz verkneten. Zwei Drittel des Teiges zu einer Rolle formen und in die Kastenform legen. Das Kürbiskernbrot zugedeckt so lange an einem warmen Ort gehen lassen, bis es sich sichtbar vergrößert hat (etwa 1 Stunde und 30 Minuten).

5. Den restlichen Teig in 6 gleich große Portionen teilen. Die Teigstücke jeweils zu einer Kugel formen und auf ein Backblech (mit Backpapier belegt) legen. Die Teigbrötchen zugedeckt so lange an einem warmen Ort gehen lassen, bis sie sich sichtbar vergrößert haben (etwa 30 Minuten).

6. Den Backofen vorheizen. Ober-/Unterhitze 180–200 °C, Heißluft: 160–180 °C.

7. Zunächst die Oberfläche der Brötchen mit einem sehr scharfen Messer einschneiden (etwa ½ cm tief). Brötchen mit Wasser bestreichen, mit der Hälfte der restlichen Kürbiskerne bestreuen und mit etwas Mehl bestäuben. Das Backblech in den vorgeheizten Backofen schieben. Brötchen **20–25 Minuten backen.**

8. Die Brötchen auf einen Kuchenrost legen und erkalten lassen.

9. Das Brot mit einem sehr scharfen Messer einschneiden (etwa ½ cm tief). Mit Wasser bestreichen und mit den restlichen Kürbiskernen bestreuen. Das Kürbiskernbrot in den vorgeheizten Backofen schieben und bei gleicher Backofentemperatur **etwa 45 Minuten backen.**

10. Das Kürbiskernbrot auf einen Kuchenrost legen und ebenfalls erkalten lassen.

Tipps: Teilen Sie den Teig vor der Zugabe der Kürbiskerne. Geben Sie in den Brötchenteig statt der Kürbiskerne 20 g Sonnenblumenkerne und bestreuen Sie die Brötchen mit etwa 10 g Sonnenblumenkernen. Reduzieren Sie dann für die Form und zum Bestreuen des Brotes die Kürbiskernmenge auf insgesamt 30 g.

••

Insgesamt:
E: 120 g, F: 58 g, Kh: 570 g, kJ: 13897, kcal: 3314, BE: 47,5

4-Korn-Flocken-Brot
(TITELREZEPT)

Würzig-kernig

1 rundes Brot

Gelingt am besten
mit der Küchenmaschine

Für den Teig:

42 g frische Hefe

2 TL brauner Zucker

400 ml lauwarmes Wasser

300 g Weizenvollkornmehl

100 g Roggenmehl (Type 1150)

75 g Dinkelvollkornmehl

100 g 4-Korn-Flocken

3 EL Olivenöl

2 gestr. TL Salz

etwas Mehl zum Bestäuben

**Zum Bestreichen
und Bestreuen:**

etwas Wasser

1 EL 4-Korn-Flocken

Zubereitungszeit: 35 Minuten
Ruhe-/Gehzeit:
etwa 1 Stunde und 45 Minuten
Backzeit: etwa 45 Minuten

1. Für den Teig Hefe und Zucker in die Rührschüssel der Küchenmaschine geben. Wasser hinzugießen. Hefe und Zucker darin unter Rühren auflösen.

2. Weizenvollkorn-, Roggen-, Dinkelvollkornmehl, 4-Korn-Flocken, Olivenöl und Salz hinzugeben. Alles mit der Küchenmaschine (Knethaken) kurz auf niedrigster Stufe verkneten. Anschließend auf höchster Stufe kneten, bis sich der Teig vom Schüsselrand löst (etwa 5 Minuten).

3. Den Teig mit Mehl bestäuben und zugedeckt an einem warmen Ort so lange gehen lassen, bis er sich sichtbar vergrößert hat (etwa 60 Minuten).

4. Teig auf einer leicht mit Mehl bestäubten Arbeitsfläche kurz durchkneten und zu einer glatten Kugel formen. Teigkugel auf ein Backblech (mit Backpapier belegt) legen und zugedeckt so lange an einem warmen Ort gehen lassen, bis sie sich sichtbar vergrößert hat (etwa 45 Minuten).

5. Nach etwa 30 Minuten Gehzeit den Backofen vorheizen. Ober-/Unterhitze: etwa 180 °C, Heißluft: etwa 160 °C.

6. Zum Bestreichen und Bestäuben die Teigkugel mit Wasser bestreichen. Anschließend mit den 4-Korn-Flocken bestreuen und mit etwas Mehl bestäuben. Das Backblech in vorgeheizten Backofen schieben. Das 4-Korn-Flocken-Brot **etwa 45 Minuten backen.**

7. Das 4-Korn-Flocken-Brot auf einen Kuchenrost legen und erkalten lassen.

Tipps: Zu diesem kernigen Brot passen sowohl süße als auch herzhafte Beläge. Probieren Sie es einmal mit süßem Erdbeer- oder pikantem Radieschenquark.
Haben Sie keine Küchenmaschine, können Sie den Teig mit den Händen oder einem Mixer (Knethaken) kneten. Beachten Sie in diesem Fall unbedingt die Hinweise des Herstellers, damit das Gerät nicht überhitzt!

••

Insgesamt:
E: 75 g, F: 45 g, Kh: 398 g, kJ: 9705, kcal: 2314, BE: 33,0

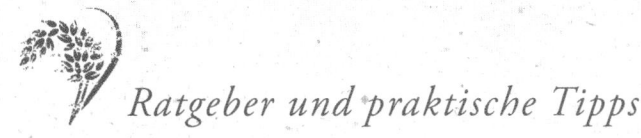

Ratgeber und praktische Tipps

Grundsätzliches

Brot backen ist viel einfacher als angenommen, vorausgesetzt, es werden einige wenige, aber wichtige Punkte beachtet:
Die Zutaten sollen möglichst zimmerwarm verarbeitet werden. Sind Ruhe-/Gehzeiten angegeben, stellen Sie die Teige an warme, zugfreie Orte. Teigansätze wie Sauer- oder Weizenvorteige stellen Sie so beiseite, wie es in den einzelnen Rezepten angegeben ist.

Die Backtemperaturen sind Circa-Angaben. Da es eine Vielzahl unterschiedlicher Ausstattungen der Backöfen gibt, lesen Sie im Zweifel in der Gebrauchsanleitung Ihres Gerätes nach. Da Brot bei eher hohen Temperaturen gebacken wird, stellen Sie sicher, dass der Backofen gut isoliert ist und dicht schließt, damit die angrenzenden Küchenmöbel nicht leiden.

Unterschiedliche Getreidearten sorgen für geschmackliche und ernährungsphysiologische Vielfalt in Ihrem Brotkorb. In unseren Rezepten sind die Mehlsorten mit genauer Typenbezeichnung angegeben. Ist beim Weizenmehl keine Type angegeben, dann wird Weizenmehl (Type 405) verwendet. Wir haben darauf geachtet, dass die Mehle im gut sortierten Lebensmitteleinzelhandel zu erhalten sind. Wenige Spezialmehle, z. B. Reis- und Sojamehl für glutenfreies Brot, erhalten Sie in Bio-Läden.

Die meisten Rezepte können mit einem handelsüblichen Mixer mit Knethaken zubereitet werden. Bei den Rezepten, die den Einsatz einer Küchenmaschine erfordern, haben wir uns bewusst dafür entschieden, da das Kneten mit der Hand mit einem hohen Kraftaufwand verbunden wäre und Mixer beschädigt werden könnten. Beachten Sie in jedem Fall die Angaben Ihrer Gerätehersteller, damit die Geräte nicht überhitzen. „Auf höchster Stufe" bedeutet immer, dass die höchstmögliche Stufe für den vorgesehenen Vorsatz, z. B. Knethaken, gewählt wird. Knetzeiten können Sie leicht mithilfe eines Küchenweckers einhalten. Generell gilt, dass die Brotteige eher etwas länger als zu kurz geknetet werden müssen. Bei Teigen mit Hefe ist der Teig ausreichend geknetet, wenn er sich leicht vom Schüsselrand löst.

Da es gelegentlich schnell gehen muss, finden Sie hier auch Brote, die mit Backpulver oder Natron gelockert werden. Naturgemäß schmecken diese Brote am besten, wenn sie ganz frisch verzehrt werden. Bleibt etwas übrig, frieren Sie die Reste scheibenweise ein. So können Sie immer so viel entnehmen, wie Sie benötigen und backen die einzelnen Scheiben vor dem Verzehr im Toaster auf.

Um eine knusprige Kruste zu erhalten, ist in einzelnen Rezepten angegeben, ein ofenfestes, mit Wasser gefülltes Gefäß in den Backofen zu stellen. Lesen Sie auch hier die Bedienungsanleitung Ihres Backofens! Stellen Sie das Gefäß nicht direkt auf den Boden des Backofens, sondern legen Sie zuerst einen Kuchenrost aus Metall auf den Boden, darauf stellen Sie das Gefäß mit dem Wasser. Achten Sie unbedingt darauf, den heißen Backofen vorsichtig zu öffnen, damit Sie sich nicht verbrennen. Sie können fertiges Brot sofort nach dem Backen mit Wasser besprühen oder dünn bestreichen, auch das macht es knusprig. Das Bestreichen mit Stärkewasser bringt vor allem bei dunklen Broten schönen Glanz auf die Kruste. Verrühren Sie dafür 1 Teelöffel Speisestärke mit etwa 75 ml kaltem Wasser. Das heiße Brot nach dem Backen damit dünn bestreichen.

Die Einschubhöhe der Bleche oder Formen ist immer in der Mitte des Backofens, es sei denn, im Rezept ist eine andere Angabe gemacht. Beachten Sie zusätzlich die Gebrauchsanleitung Ihres Backofens. Einige Brote werden eingeschnitten, sodass sie nach dem Backen sehr dekorativ anzusehen sind. Die Schnitttiefen haben wir dort, wo sie entscheidend sind, mit angegeben. Verwenden Sie zum Einschneiden ein sehr scharfes Messer. Gut geeignet sind Messer mit einer spitzen, feinen Sägeklinge. Auch ein (neues und sauberes) Teppichmesser oder ein Cutter leisten hier gute Dienste. Achten Sie darauf, beim Schneiden möglichst wenig Druck auszuüben und die Schnitte mit einer sägenden Bewegung auszuführen. So bleibt eingeschlossene Luft im Teig und das Gebäck wird lockerer.

Ob Ihr Brot gar ist, können Sie mit einer Klopfprobe feststellen. Nehmen Sie das heiße Brot mit Topflappen aus dem Backofen und klopfen Sie auf die Unterseite. Hört es sich deutlich hohl an, ist das Brot fertig. Ist der Klang eher dumpf, backen Sie das Brot einige Minuten länger.

Brot lagern Sie in einem separaten Brotbehälter, der frei von Krümeln gehalten werden muss. Regelmäßiges Ausputzen mit Essigwasser beugt Schimmelbildung vor (gut trocknen lassen!). Geben Sie angeschnittenes Brot in einen Folienbeutel, trocknet es nicht so schnell aus. Ist es im Sommer sehr warm, neigt Brot zur Schimmelbildung. Um das zu vermeiden, kann es auch im Kühlschrank (im Folienbeutel im Gemüsefach) gelagert werden. Allerdings trocknet Brot im Kühlschrank schneller aus. Nicht mehr ganz ofenfrisches Brot wird wieder richtig lecker, wenn es im Toaster aufgebacken wird.

Bleiben wider Erwarten doch mal Reste übrig, lassen sich daraus knusprige Croûtons zubereiten. Sie eignen sich wunderbar als Topping auf Suppen und Salaten. Dafür einfach das Brot in Würfel von gewünschter Größe schneiden, etwas Butter oder Margarine in einer Pfanne erhitzen, nach Belieben eine Knoblauchzehe hinzugeben und die Brotwürfel bei schwacher Hitze rösten. Falls erforderlich, geben Sie nach und nach noch etwas Fett hinzu. Zum Schluss die Croûtons noch salzen oder mit Kräutern würzen.

Für Reste von süßen Broten gilt: Toasten – und dann, noch warm, mit Butter bestreichen. Einen Klecks Erdbeer- oder Aprikosenkonfitüre daraufgeben, aromatischen Tee oder Kaffee dazu ... da bekommt das Wort „Rest" einen ganz neuen, verheißungsvollen Klang.

Allgemeine Hinweise zu den Rezepten

Lesen Sie bitte vor der Zubereitung – besser noch vor dem Einkauf – das Rezept einmal vollständig durch. Oft werden Arbeitsabläufe oder -zusammenhänge dann klarer.

Zutatenliste

Die Zutaten sind in der Reihenfolge ihrer Verarbeitung aufgeführt.

Arbeitsschritte

Die Arbeitsschritte sind einzeln hervorgehoben, in der Reihenfolge, in der sie von uns ausprobiert wurden.

Zubereitungszeiten

Die Zubereitungszeit ist ein Anhaltswert für die Dauer der Vorbereitung und die eigentliche Zubereitung. Längere Wartezeiten wie Kühl- oder Abkühlzeiten, Auftau- und Durchziehzeiten sind, sofern parallel keine weitere Tätigkeit erfolgt, nicht in der Zubereitungszeit enthalten. Die Backzeiten werden gesondert ausgewiesen.

Backofeneinstellung und Backzeiten

Die in den Rezepten angegebenen Backtemperaturen und Backzeiten sind Richtwerte, die je nach individueller Hitzeleistung Ihres Backofens über- oder unterschritten werden können. Machen Sie nach Beendigung der angegebenen Backzeit eine Garprobe.

Die Temperaturangaben in diesem Buch beziehen sich auf Elektrobacköfen. Die Temperatureinstellungsmöglichkeiten für Gasbacköfen variieren je nach Hersteller, sodass wir keine allgemeingültigen Angaben machen können. Bitte beachten Sie deshalb bei der Einstellung des Backofens die Gebrauchsanleitung des Herstellers. Ein Backofenthermometer eignet sich dabei gut, um die Backofentemperatur im Blick zu haben.

Abkürzungen

EL =	Esslöffel
TL =	Teelöffel
Msp. =	Messerspitze
Pck. =	Packung/Päckchen
g =	Gramm
kg =	Kilogramm
ml =	Milliliter
l =	Liter
evtl. =	eventuell
geh. =	gehäuft
gem. =	gemahlen
ger. =	gerieben
gestr. =	gestrichen
TK =	Tiefkühlprodukt
°C =	Grad Celsius
Ø =	Durchmesser

Kalorien-/Nährwertangaben

E =	Eiweiß
F =	Fett
Kh =	Kohlenhydrate
kJ =	Kilojoule
kcal =	Kilokalorien
BE =	Broteinheiten

Bei den Nährwertangaben in den Rezepten handelt es sich um auf- bzw. abgerundete ganze Werte. Lediglich die Broteinheiten werden in 0,5er-Schritten mit einer Stelle nach dem Komma angegeben. Aufgrund von ständigen Rohstoffschwankungen und/oder Rezepturveränderungen bei Lebensmitteln kann es zu Abweichungen kommen. Die Nährwertangaben dienen daher lediglich Ihrer Orientierung und eignen sich nur bedingt für die Berechnung eines Diätplans, zum Beispiel bei Krankheiten wie Diabetes.
Bei krankheitsbedingten Diäten richten Sie sich daher bitte nach den Anweisungen Ihres Diätassistenten bzw. Ihres Arztes.

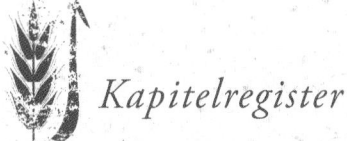

Kapitelregister

Alphabetisches Register

Impressum

Für Fragen, Vorschläge oder Anregungen stehen Ihnen der Verbraucherservice der Dr. Oetker Versuchsküche Telefon: 00800 71 72 73 74 Mo.-Fr. 8:00–18:00 Uhr, Sa. 9:00–15:00 Uhr (gebührenfrei in Deutschland) oder die Mitarbeiter des Dr. Oetker Verlages Telefon: +49 (0) 521 52 06 42 Mo.-Fr. 9:00–15:00 Uhr zur Verfügung.

Oder schreiben Sie uns: Dr. Oetker Verlag KG, Am Bach 11, 33602 Bielefeld oder besuchen Sie uns im Internet unter www.oetker-verlag.de oder www.oetker.de.

Umwelthinweis
Dieses Buch und der Einband wurden auf chlorfrei gebleichtem Papier gedruckt. Die Einschrumpffolie – zum Schutz vor Verschmutzung – ist aus umweltfreundlichem und recyclingfähigem PE-Material.

Copyright
© 2012 by Dr. Oetker Verlag KG, Bielefeld

Redaktion
Carola Hülshoff, Carola Reich, Andrea Gloß

Titelfoto
Thomas Diercks, Hamburg

Innenfotos
Walter Cimbal, Hamburg (S. 4–8, 14–18, 24, 26, 30, 32, 36–40, 44, 46, 50, 52, 56, 60, 62, 66, 68, 72–78, 82–108, 114, 118, 120)
Christiane Krüger, Hamburg (S. 12, 22, 28, 42, 54, 70, 80, 116)
Janne Peters, Hamburg (S. 10)
Antje Plewinski, Berlin (S. 20, 34, 48, 58, 64, 112)

Rezeptentwicklung und -beratung
Anke Rabeler, Berlin
Hermann Rottmann, Hamburg

Foodstyling
Hermann Rottmann, Hamburg

Nährwertberechnungen
Nutri Service, Hennef

Grafisches Konzept
fuchs-design, Sabine Fuchs, München

Titelgestaltung
kontur:design, Bielefeld

Satz
Final Art, Manfred Karg, München

Reproduktionen
Mohn Media Mohndruck GmbH, Gütersloh

Druck und Bindung
Druckerei Stürtz, Würzburg

Die Autoren haben dieses Buch nach bestem Wissen und Gewissen erarbeitet. Alle Rezepte, Tipps und Ratschläge sind mit Sorgfalt ausgewählt und geprüft. Eine Haftung des Verlages und seiner Beauftragten für alle erdenklichen Schäden an Personen, Sach- und Vermögensgegenständen ist ausgeschlossen.

Nachdruck und Vervielfältigung (z. B. durch Daten-träger aller Art) sowie Verbreitung jeglicher Art, auch auszugsweise, ist nur mit ausdrücklicher Genehmi-gung und Quellenangabe gestattet.

ISBN: 978-3-7670-0686-7